华裔美国英语诗歌研究

——比较诗学视域中的语言表征

宋阳 著

中国财经出版传媒集团
中国财政经济出版社

图书在版编目（CIP）数据

华裔美国英语诗歌研究：比较诗学视域中的语言表征／宋阳著.—北京：中国财政经济出版社，2017.7

ISBN 978-7-5095-7527-7

Ⅰ.①华… Ⅱ.①宋… Ⅲ.①英语诗歌-比较诗学-美国 ②华人-英语诗歌-诗歌创作-研究-美国 Ⅳ.①I712.072

中国版本图书馆 CIP 数据核字（2017）第 139742 号

责任编辑：卢关平　　　　　　责任校对：张　凡
封面设计：孙俪铭　　　　　　责任印制：张　健

中国财政经济出版社出版

URL：http://www.cfeph.cn

E-mail：cfeph@cfeph.cn

（版权所有　翻印必究）

社址：北京市海淀区阜成路甲 28 号　邮政编码：100142
营销中心电话：88190406　北京财经书店电话：64033436　84041336
北京财经印刷厂印刷　各地新华书店经销
787×1092 毫米　16 开　13 印张　206 000 字
2017 年 7 月第 1 版　2017 年 7 月北京第 1 次印刷
定价：32.90 元
ISBN 978-7-5095-7527-7
（图书出现印装问题，本社负责调换）
本社质量投诉电话：010-88190744
打击盗版举报热线：010-88190414　QQ：447268889

目 录

绪 论 / 1
    第一节 华裔美国英语诗歌概观 / 1
        一、华裔美国英语诗歌的源头与发展 / 2
        二、华裔美国英语诗歌的研究现状 / 9
        三、研究现状中存在的问题及选题的缘起 / 13
    第二节 本书的研究设想 / 14
        一、研究对象及相关概念的说明 / 14
        二、本书的结构叙要 / 16
        三、研究的目的与意义 / 16

第一章 汉语符码的嵌入：跨文化的语言嬉戏与离散身份书写 / 18
        一、华裔美国英语诗歌中的汉语符码嵌入现象 / 18
        二、汉语符码嵌入与文化记忆 / 20
        三、汉语符码嵌入与文化错置 / 22
        四、汉语符码嵌入与离散身份书写 / 26

第二章 诗歌节奏：吟唱族裔情感的"黄色布鲁斯" / 30
    第一节 快慢徐急总相宜的音步：族裔话题的烘托 / 30
    第二节 反复吟唱的叠句：族裔经历的突出 / 35
    第三节 抑扬顿挫的停顿：族裔情感抒发的增强 / 41
    第四节 起承转合的断续：族裔言说张力的释放 / 46
    小 结 / 51

第三章 书写变异：画面美感与族裔情感的统一 / 53
  第一节 字母大写逆用：英语语法变异下的族裔主题前景化 / 53
  第二节 正体与斜体并用：字体规则变异下的族裔人物素描 / 64
    一、《野蛮人要来了》：正体前景与斜体背景 / 64
    二、《询问》：正体与斜体的连环画 / 67
    三、《石中涌出的水》：正体与斜体的蒙太奇 / 71
  第三节 图画的加入：排印规则变异下的族裔图志 / 74
    一、图形诗：诗图合一的族裔经历画卷 / 75
    二、插图：图文并茂的族裔言说图谱 / 77
  小 结 / 80

第四章 意象塑造：文化记忆与本土经验的交叠 / 82
  第一节 食物意象：本土经验下的饮食文化 / 82
    一、柿子意象：本土语境中的华族饮食文化 / 82
    二、苹果派意象：本土经验的隐喻 / 85
    三、"打边炉"意象：破解本土生存困境的灵感 / 88
    四、本土经验与饮食言说 / 90
  第二节 宗教意象：本土经验中的非信仰文化符码 / 92
    一、繁杂丰富的宗教意象 / 93
    二、充满本土经验烙印的宗教意象 / 96
    三、宗教意象的实质：非信仰的文化符码 / 102
  第三节 典故意象：文学传统的继承与开创 / 105
    一、华族文学传统的传承 / 105
    二、西方文学传统的延续 / 109
    三、美国华裔文学传统的开创 / 112
  小 结 / 116

第五章 美国华裔诗歌文本个案研究 / 118
  第一节 永远的孤独、永远的乡愁：从《埃仑诗集》到《孤之旅》/ 118
    一、《埃仑诗集》/ 119

二、《孤之旅》/ 122
　　三、《埃仑诗集》与《孤之旅》的比较阅读 / 124
　第二节　论李立扬诗歌的画面感及其产生原因——以诗集《玫瑰》
　　　　为例 / 126

余论：文学审美和族裔言说交织中的诗意离散 / 143

注释 / 147
参考文献 / 181
　　一、诗集 / 181
　　二、诗选集 / 182
　　三、英文参考文献 / 183
　　四、中文参考文献 / 192

绪 论

自20世纪60年代起,美国的少数族裔陆续举行了大规模的民权运动,争取自身应得的平等地位。这场运动的成效体现在文学研究领域,便是包括华裔美国文学(Chinese American Literature)在内的亚裔美国文学(Asian American Literature)、非洲裔美国文学(African American Literature)和犹太裔美国文学(Jewish American Literature)等少数族裔文学的蓬勃发展。自此,华裔美国文学涌现了一批具有较高知名度的作家和研究学者,出版了一些文学作品与研究专著,进入了美国主流文学史和大学课堂,并衍生出相关的学术期刊、举办了研讨会,写出了硕士、博士学位论文。遗憾的是,对华裔美国英语诗歌的研究还缺乏应有的重视,在整个华裔美国文学研究成果中所占比例极小。因此,本书希望能尽早发掘出华裔美国英语诗歌独特的美学特征与文学价值。

在绪论部分,本书将介绍华裔美国英语诗歌的概况,包括作为美国早期华人诗歌代表的《金山歌集》和《埃仑诗集》以及以李立扬(Li-Young Lee,1957—)、宋凯西(Cathy Song,1955—)、陈美玲(Marilyn Mei-Ling Chin,1955—)等为代表的美国华裔诗人群体。在此基础上,反观华裔美国英语诗歌在国内外的研究现状,分析华裔美国英语诗歌研究面临的三重阻碍并介绍本书选题的缘起。绪论的第二节阐释本书的研究计划和设想,明确研究对象,概述结构框架并说明本书的研究目的与研究意义。

第一节 华裔美国英语诗歌概观

美国华裔诗歌的诞生距今已有百余年的历史,是大量中国移民自19世纪中期起赴美国"淘金"的衍生物。这些早期的"金山客"通过改写歌谣和创作古体诗来描写异乡生活,形成了华裔美国英语诗歌的源头。

一、华裔美国英语诗歌的源头与发展

(一)《金山歌集》与《埃仑诗集》:早期华美诗歌的代表

自1837年起,中国南方频繁发生自然灾害。[1] 1840年鸦片战争爆发,作为战败国的清政府于1842年被迫签订《南京条约》,并将条约中的巨额赔款转嫁到了全国的税收上,仅广东省的税收就增加到了以往的十八倍。[2] 大部分农民无法负担沉重的赋税,纷纷变卖土地和房产,失去了求生的资本。随后太平天国起义爆发,战火很快便由广西延伸至广东境内,民众饱受连年战乱的煎熬。在1848年,美国的圣弗兰西斯科(又译旧金山,San Francisco)地区发现了金矿。[3] 仅仅几天之后,三名华人在莫尔高地附近发现了一块重约240磅的金矿石。[4] 从此,关于"金山"(Gold Mountain)的传说传遍了中国沿海地区,许多农民带着对"金山"的无比渴望,向美国进发(见图1)。据统计,仅加利福尼亚(California)一个州,1849年华人移民的数量为325人,1850年为789人,1851年增至2716人。[5]

图1 19世纪中叶,华工漂洋过海去实现自己的"金山梦"

自 1878 年加利福尼亚州颁布住宅区隔离法案后，美国各地都先后禁止华人到华人区以外的地方居住。而且由于白人民众日渐高涨的反华情绪，居住在华人区外的华人的人身和财产安全也无法得到保障。大批华人出于自保，举家迁至华人区，华人区也渐渐演化成了各地的唐人街（China Town）（见图 2）。这些早期的华人为了描绘"金山"的生活和抒发对故国和家人的思念，用家乡的语言创作了一首首歌谣。《金山歌集》（*Songs of Gold Mountain: Cantonese Rhymes from San Francisco Chinatown*，1987）就是早期华工创作的结晶，收录了 20 世纪初期旧金山华人创作的口语韵诗（vernacular rhyme）。[6]

图 2　早期唐人街

《金山歌集》按主题分为 11 部分，分别为"移民布鲁斯"（Immigration Blues，第 1—17 首）、"困境旅居者的悲叹"（Lamentations of Stranded Sojourner，第 18—34 首）、"远别妻子的悲叹"（Lamentations of Estranged Wives，第 35—68 首）、"怀乡布鲁斯"（Nostalgic Blues，第 69—93 首）、"黄金狂想曲"（Rhapsodies on Gold，第 94—117 首）、"西方影响之歌"（Songs of Western Influence，第 118—142 首）、"婚姻狂想曲"（Nuptial Rhapsodies，第 143—161 首）、"浪子谣"（Ballads of the Libertines，第 162—175 首）、"心中青春之歌"（Songs of the Young at Heart，第 176—191 首）、"挥霍与沉溺之歌"（Songs of Prodigals and Addicts，第 192—208 首）、"千夫妻之歌"（Songs of the Hundred Men's Wife，第 209—220 首）。

这些"金山歌谣"从方方面面反映了华人的生活，有着自己独特的美学特点。例如，第 26 首：

照下个容像。看来变细相。

皓首如霜又长。恼煞星星光掩映。

老将至。唔似靓仔样。

不觉年登四十上。自羞劳碌远飘洋。[7]

这些诗歌大部分使用广东四邑地区流行的"四十六字歌"的结构形式。[8]歌谣共八句四十六字,按照 5-5-7-7-3-5-7-7 的固定格式书写,句尾押韵,适于吟唱,又称"夹房歌"或"闹房歌",是四邑地区闹新房的歌谣。这些歌谣随着远涉重洋的华人到达美国后因为生活环境的改变而衍生出许多新的主题,例如,《金山歌集》就有大量对旅居困苦的悲叹、对家乡亲人的怀念和对受到西方影响的金山生活的描写。对此,《金山歌集》的编者谭雅伦曾评论说:"北美的'金山歌'是脱胎换骨的四邑地区的'四十六字歌',它在美洲发扬光大,成为创新的通俗歌谣,内容主题与流传都超越了家乡始源的同格式民间歌谣。"[9]

早期华美诗歌的另一个代表是"天使岛诗歌"。天使岛(Angel Island)位于美国西海岸的加利福尼亚州旧金山湾,在 1910 年至 1940 年期间被美国移民局选用,拘留和审查经由太平洋入美的亚裔移民,其中华人占大多数。在这三十年中,约十八万华人移民曾被羁押在岛,接受少则数周、多则数月数年的移民身份合法性的审核。这些移民在拘留期间(the detainment),为了抒发心中的"屈辱、酸楚、辛劳、苦难、向往"在墙上书写或镌刻了数百首汉语诗歌。[10] 1975 年,华裔学者麦礼谦(Him Mark Lai, 1924—2009)、林小琴(Genny Lim, 1946—)和杨碧芳(Judy Yung, 1946—)整理、翻译了其中的 135 首诗歌,并出版了中英文对照的《埃仑诗集》(Island: Poetry and History of Chinese Immigrants on Angel Island, 1910—1940)。

诗集的主体共分五个部分,按照主题和内容分别是"远涉重洋"(The Voyage,第 1—11 首)、"羁禁木屋"(The Detainment,第 12—33 首)、"图强雪耻"(The Weak Shall Conquer,第 34—46 首)、"折磨时日"(About Westerners,第 47—56 首)和"寄予梓里"(Deportees, Transients,第 57—69 首)。早期华人移民经历了巨大的环境变化:从熟悉的乡土迁徙到陌生的国度,从列强欺凌的弱国奔波到气势凌人的强权之地。他们怀揣着一个个美国梦，为了摆脱贫困的家境，历经千辛万苦，漂洋过海来到美国，不想刚刚下船就被拘留到天使岛的木屋中，每天空对着旧金山的海岸却无法登岸，不免感叹：

> 番奴苛待真难受，感触家境泪双流。　　（第7首）
> 思及家中事，不觉泪沾滴。　　（第15首）

由于语言的差异、严苛的审讯制度以及恶劣的生活环境，天使岛移民心中始终充满戒备。他们不敢轻信旁人，或将孤独与苦楚埋在心中，或是书写诗歌抒发心中无限感慨：

> 举目谁欢惟静坐，关心自闷不成眠。
> 日永樽空愁莫解，夜长枕冷倩谁怜？
> 参透箇中孤苦味，何如归去学耕田？　　（第32首）

这些作品生动地反映出了早期华人移民的忧伤孤独、对强权和不公的愤恨、对故国衰败的伤感等复杂情感，具有较高的文化价值和历史意义。

正如负责新一轮"天使岛诗歌"整理工作的学者王性初所评论的那样："用今天的标准衡量，（《埃仑诗集》）也许够不上一流的水平，但是，因为它的存在，奠定了美国早期华文文学的一块无法替代的基石。"[11] 一位曾经被囚困于天使岛的中国移民也曾说："那里的许多人都不懂写诗。他们没有受过很好的教育，不过知道一些诗歌的规则。你不能说这些诗很好，但是它们表达了真情实感。它们是海外华人的作品，因此也是中国海外华人历史的组成部分。"[12]

这些书写出了"金山歌谣"和"天使岛诗歌"的第一代移民经过辛勤的劳作，一部分人幸运地在美国落地生根，他们所经历的种种苦楚和思想情感一代代地传到了后人身上，其中就包括本书所研究的美国华裔诗人群体。而且经过后期学者们的努力，早期华人的中文诗歌被翻译和编辑成了中英文对照的诗集，消弭了语言隔阂之后的《金山歌集》和《埃仑诗集》在华裔后代和美国社会中都产生了更大的影响。将早期华文诗歌与现今的华裔英语诗歌对比阅读，不难发现早期华人诗歌中的思乡、流散等主题，天使岛、唐人街、金山等意象在华裔美国英语诗歌中都有广泛的体现，正如张子清所说的那样，它们是"华裔美国诗歌的先声"，拉开了华裔美国诗歌创作的序幕。[13]

（二）华裔美国英语诗歌的蓬勃发展

随着20世纪六七十年代美国社会中"民权运动"和"泛亚运动"的兴起，华裔美国诗歌近几十年来取得了蓬勃发展，诞生了一批著有大量优质诗集的诗人。

李立扬是最畅销且获得最广泛的主流社会认可的美国华裔当代诗人。他著有《玫瑰》（*Rose*，1986）、《我爱你的城市》（*The City in Which I Love You*，1991）、《我的夜之书》（*Book of My Nights*，2001）、《在我双眼后》（*Behind My Eyes*，2008）四本诗集和散文诗自传《长翅膀的种子》（*The Winged Seed：A Remembrance*，1995）。诗人曾先后荣获德尔默·施瓦茨纪念诗歌奖（Delmore Schwartz Memorial Poetry Award，1987）、美国图书奖（American Book Award，1995）、威廉斯奖（William Carlos Williams Award，2002）、美国诗人学院会员资格（Fellowship of the Academy of American Poets for distinguished poetic a-chievements，2003）、美国国家艺术基金会资助基金（the National Endowment for the Arts）等二十余项艺术奖项。出版了李立扬三本诗集的BOA出版社的主编汤姆·沃德（Thom Ward）曾说："李立扬的诗集最畅销，甚至比西尔维娅·普拉斯（Sylvia Plath）过去四十年卖得都多……他是一个真正的纯诗人。"[14]李立扬的早期诗作侧重描写家庭的温暖与关爱，常能用朴实的语言将平淡的生活场景描绘得异常感人。《玫瑰》收录的25首诗歌中与父亲有关的就高达17首，塑造了一个博学多才、笼罩着神性的光辉却又饱受不公对待的脆弱、慈爱的父亲形象。在《我爱你的城市》中，诗人将细腻的情感投注到妻儿身上，体现了"由爱生爱"（love begets love）的主题。[15]《我的夜之书》和《在我双眼后》的诗风改变，诗人受到爱默生及超验主义等影响，提出了自己的核心诗学理念——"宇宙心灵"（the Universal Mind），诗作也越来越多地描写"夜晚"等带有哲学意味和玄学色彩的意象。

宋凯西出生于美国夏威夷，有着华裔和韩裔的双重血统。她目前出版了四本诗集，分别为《照片新娘》（*Picture Bride*，1983）、《无框的窗，光的广场》

(*Frameless Windows*, *Squares of Light*, 1988)、《校园人像》(*School Figures*, 1994) 和《乐土》(*The Land of Bliss*, 2001)。她年仅27岁就荣获耶鲁青年诗人丛书奖 (Yale Series of Younger Poets Award, 1982),之后又赢得权威杂志《诗歌》(*Poetry*)颁发的弗雷德里克·博克奖 (Frederick Bock Prize)、美国诗人协会 (Poetry Society of America) 的雪莱纪念奖 (Shelley Memorial Award)、夏威夷文学奖 (the Hawaii Award for Literature)、美国国家艺术基金会资助基金 (the National Endowment for the Arts) 等奖项。宋凯西多描写其作为生长于夏威夷的中韩裔混血儿、女儿、姐姐和母亲等多重身份角色的复杂经历和情感。她关注家族故事,所创作的许多生动的意象,比如"照片新娘"和"甘蔗"等,将她出生与成长的夏威夷、族群历史与家族亲情紧密联系。宋凯西后期诗作的故事性和叙事性明显增强,诗人也尝试了小说的书写,创作日益多样化。

陈美玲出生于香港,7岁随父母移居美国。她的首部诗集《矮竹》(*Dwarf Bamboo*, 1987) 获得了海湾地区书评奖 (Bay Area Book Review Award)。第二本诗集《凤去台空》(*The Phoenix Gone, the Terrace Empty*, 1994) 赢得了国际笔会约瑟芬·米尔斯奖 (the PEN Josephine Miles Award)。此外,她还出版了诗集《纯黄狂想曲》(*Rhapsody in Plain Yellow*, 2002) 和故事集《月饼刁妇的复仇》(*Revenge of the Mooncake Vixen*, 2010) 并多次赢得了手推车奖 (Pushcart Prize)。诗人对中国传统文化特别感兴趣,曾先后学习了古汉语和中国古典文学,还翻译了艾青的诗集。她的诗作不仅有汉字的使用,有李白、白居易等诗人的诗句,更有对《老子》、《乐府》的活用。相对于李立扬和宋凯西两位主要诗人而言,陈美玲的诗歌笔调强劲有力,族裔情感和女性主义意识要更为强烈。

除这三位主要诗人之外,其他华裔诗人也是各具特点。中荷混血女诗人白萱华 (Mei-Mei Berssenbrugge, 1947—) 的诗歌有着浓厚的哲学意味,她偏好发掘人的内心世界,语言具有"实验派或后现代"抽象、难懂的特色。[16] 施家彰 (Arthur Sze, 1950—) 是一位多产诗人,创作了9本诗集。他的诗歌常能见到中国传统文化、美国原住民文化等多元文化的元素。诗人对自然科学也很感兴趣,作品中也有很多科学术语,例如,诗集《红移网:1970—1998年诗选》(*The Redshifting Web: Poems, 1970—1998*, 1998) 题目中"红移"一词就是物理学和天文学的术语,指物体的电磁辐射波长增加的现象。朱丽爱(Nellie Wong,1934—)、胡淑英(Merle Woo,1941—)和刘玉珍(Carolyn Lau,1946—)三位女诗人的作品都具有鲜明的女性主义色彩,语言豪放大胆,甚至"在处理严肃的题材时,也不乏粗话"。[17]

夏威夷诗人群体也格外让人瞩目:除上文介绍的宋凯西和刘玉珍外,还有被誉为"夏威夷东西方文化台柱之一"的林永得(Wing Tek Lum,1946—)和常以夏威夷文化为对象的查艾理(Eric Chock,1950—)。夏威夷诗人群体创立的竹脊出版社(Bamboo Ridge Press)专门出版夏威夷本土作家和以夏威夷为写作对象的作品,在角落中发出了他们的声音。

林玉玲(Shirley Geok-Lin Lim,1944—)、梁志英(Russell Leong,1950—)、刘肇基(Alan Chong Lau,1948—)、林小琴(Genny Lim,1946—)和姚强(John Yau,1950—)都是多才多艺的诗人。林玉玲是个多产的学者诗人,写有六本诗集和一百多篇学术文章,诗歌和短篇小说在全世界的65个选集中出现过。林玉玲的诗行紧凑,感情真挚,移民、家庭、国家等主题在多部诗集中都有体现。[18]梁志英是诗人、小说家和评论家,代表性诗集《梦尘之乡》(*The Country of Dreams and Dust*,1993)充满了佛家的哲思体悟。刘肇基写诗之余还举办过多次画展,具有"画家的眼睛、诗人的听觉,还有在蔬菜水果超市训练出来的感觉"。[19]他的诗集《布鲁斯和青菜》(*Blues and Greens: A Produce Worker's Journal*,2000)主要描写其在农产品超市工作时的点点滴滴。林小琴既是诗人、剧作家又是导演和学者。她的诗集《战争的孩子》(*Child of War*,2003)对现今世界中的各种暴力与不公进行了强烈的批判。姚强是美术硕士,深受抽象表现主义画的熏染,在写诗之余从事艺术批评,他的诗选集《喜悦侧影像》(*Radiant Silhouette: New and Selected Work*,1974—1988,1989)中的组诗"龙血"(Dragon's Blood)、"成吉思·陈:私人侦探"(Genghis Chan: Private Eye)等作品是文学审美与族裔情感的完美结合。

诗歌本就具有其他文类无法企及的张力与激情,作为离散书写的美国华裔诗歌更是渗透着诗人们独特的体温与族裔情感。这些诗歌作品既有诗人群体之间应答的共鸣,又有诗人个体独特的高歌,诗篇的语言、意象等方面独具特色,极大地丰富了美国华裔文学与海外华人诗学的边界与空间。

二、华裔美国英语诗歌的研究现状

（一）国外的华裔美国英语诗歌研究现状

华裔美国英语诗歌研究的主要阵地在美国。1991 年，王灵智、赵毅衡主编的《华裔美国诗歌选集》（Chinese American Poetry: an Anthology）选编了 20 位华裔诗人的诗歌作品，是国内外华裔诗歌研究的重要参考书。另一本重要的研究资料是黄桂友主编的《亚裔美国诗人：传记、著作索引与批评原始资料集》（Asian American Poets: a Bio - Bibliography Critical Sourcebook, 2002），该资料集对诗人的生平、主要著作及主题、批评接受、著作索引、相关研究索引这五方面进行介绍。根据该书提供的华裔诗人相关研究目录的题目，这些批评多为对诗集的书评。例如，在李立扬的 16 篇相关批评中 8 篇是诗集的简单书评，2 篇是对诗集的详细介绍，1 篇是对单一诗篇的简短分析，3 篇是对诗人的介绍及评论，1 篇对诗人的采访，只有 1 篇是真正意义上对诗人及其作品的学术研究——周晓静的《李立扬诗歌的继承与发明》（"Inheritance and Invention of Li - Young Lee's Poetry"）。

在研究专著方面，周晓静的《亚裔美国诗歌中的族裔和他异性诗学》（The Ethics and Poetics of Alterity in Asian American Poetry, 2006）涉及了三位华裔诗人：李立扬、陈美玲和姚强。该书共七章，采取一章研究一位诗人的方式，例如，在第二章中作者指出陈美玲的诗作充满了从家园到流亡的运动，陈美玲拒绝家园是拒绝其代表的"熟悉的安全场景"，她这种"走向流亡发誓不会来"的决心在诗歌的形式、内容和风格方面都有所展现。张本兹（音译，Benzi Zhang）的《北美亚裔离散诗歌》（Asian Diaspora Poetry in North American, 2008）对美加两国的亚裔诗歌进行了分析，其中涵盖了陈美玲、施家彰等华裔美国诗人。他通过对跨文化诗学、家园重建政策等方面的分析，认为亚裔离散诗歌表明了一个变化的过程，而非一个归属的场域。亚裔诗人们走出了盲目的种族和文化格托，走向一个"至今还未被批评术语认可或绘图的离散诗学新天地"。

据笔者了解，对某一华裔诗人的研究专著尚未出现。单一诗人的相关书籍只有一本李立扬的访谈选集——《打破雪花石膏坛：与李立扬的对话》

(*Breaking the Alabaster Jar*: *Conversations with Li - Young Lee*, 2006),该书收录了12篇对李立扬的专访,是宝贵的第一手资料。

硕士、博士(以下简称硕博士)学位论文方面,在 Proquest 学位论文全文检索系统中共有1203篇亚裔美国文学论文,与华裔文学相关的共141篇,其中以华裔诗歌为主要研究对象的只有9篇,而且多是将其作为华裔或亚裔文学研究的一部分,例如,马里兰大学的爱德莲娜·麦克考米克(Adrienne McCormick)的博士学位论文《实践诗歌,生产理论:当代美国多族裔诗歌中的对抗/位置诗学》("*Practicing Poetry*,*Producing Theory*:*Op/Positional Poetics in Contemporary Multi - Ethnic American Poetries*",1998)是对美国各少数族裔诗歌的整体研究,其中几小节对陈美玲的"多重自我"和宋凯西的"我与他者"两种书写位置和身份认同进行了分析。

以华裔美国英语诗歌及诗人为主要研究对象的硕博士学位论文只有两篇。加州大学伯克利分校的多萝西·王(Dorothy Wang)书写了题名为《必须的修辞:李立扬、陈美玲和姚强诗歌中的比喻、反讽和戏仿》("*Necessary Figures*:*Metaphor*,*Irony and Parody in the Poetry of Li - Young Lee*,*Marilyn Chin*,*and John Yau*",1998)的博士学位论文。该文共三章,分别对李立扬的比喻政策、陈美玲反讽的野蛮人声音和姚强的戏仿进行分析,认为:比喻"几乎是却不是的本性"(almost - but - not - quite nature)反映了李立扬与中国文化过去和同化逻辑关系的平行结构;反讽多重的声音是陈美玲与同化和文化、种族、语言本真性要求的协商;姚强的戏仿同时内在化和破解了主流话语。作者强调这些必要的修辞是文学外部和文学内部的力量,是诗人们形塑自身独特的历史和反思历史、文化及语言压力的途径。安吉洛州立大学的爱普里尔·提得特(April Tiedt)针对宋凯西诗歌中的画面感书写了《框画记忆:宋凯西诗歌中的画面感》("*Framing Memories*:*Photography in the Poetry of Cathy Song*",2002)的硕士学位论文。她指出诗人在诗作中并入了叙述声音的转换和摄像等技巧。通过这些策略,诗人允许读者加入到其创造的记忆中,将每一个记忆扩展为诗人、叙述者和读者之间的合作努力。

在学术期刊方面,本领域的《亚美杂志》(*Amerasia*)、《美国多族裔文学》(*MELUS*)等期刊都刊登了大量的华裔美国方面的论文。但遗憾的是,华裔英语诗歌依然是关注度较少的一个领域。以《美国多族裔文学》为例,与华裔美国文学相关的 68 篇文章中，仅 5 篇与华裔英语诗歌有关，其中包含 1 篇林玉玲的访谈、1 篇白萱华的访谈、1 篇张粲芳（Diana Chang, 1934—）的访谈、1 篇对李立扬和陈美玲及其他两位亚裔诗人在移民身份方面的研究，1 篇对宋凯西和两位少数族裔作家"分歧的忠诚"的分析。不论是数量还是研究深度、范围都是不足的。

（二）国内的华裔美国英语诗歌研究现状

国内华裔美国诗歌的研究更加滞后。在笔者参加的 2009 年"亚裔美国文学研讨会"上，提交的 45 篇论文仅 1 篇与华裔诗歌有关。清华大学的黄清华在《文字的重量：对李立扬诗歌"Persimmons"的文体分析》中指出《柿子》一诗体现了诗人在追求文化归属感与身份认同感的过程中所体验的困惑与面对抉择时的两难处境。

在中国知网中，与华裔美国文学"主题"模糊相关的期刊文章及硕博士学位论文千余篇，但华裔英语诗歌方面的研究却仅有寥寥十数篇。其中做出最大贡献的应该是南京大学的张子清教授，他对华裔美国英语诗歌进行了早期的译介工作。张子清在《梁志英诗选》一文中翻译了梁志英的 6 首诗歌作品。在《袁世凯之外孙李立扬》（《中华读书报》2005 年 3 月 30 日）中，他对李立扬的生平和几首代表诗作进行了简短的介绍。在《汤亭亭：她的诗集像一本日记》（《中华读书报》2005 年 4 月 27 日）中，张子清简介了汤亭亭的近况及新诗集《成为诗人》。在《梁志英的诗》（《扬子江诗刊》2008 年第 6 期）中，他再次翻译了梁志英的 5 首诗歌，同样在译文后简介诗人。在《华裔美国诗歌鸟瞰》（《江汉大学学报》2006 年第 6 期）中，张子清对美国华裔诗人现状进行了梳理和简短的诗作分析。在 2009 年出版的吴冰和王立礼主编的《华裔美国作家研究》中，张子清书写了《华裔美国历史与社会现实生活的跨文化审视：华裔美国诗歌》一文，在这篇长达 125 页的论文中，他介绍了大部分华裔诗人的生平经历，并结合部分诗作分析各个诗人创作的独特之处，具有重要的学术价值。

同样在译介方面，高晓匀是国内最早译介美国华裔英语诗作的学者，《宋凯西诗歌四首》和《静谧：宋凯西诗歌的特点》（同载于《名作欣赏》1997 年第 5 期）两篇文章分别对宋凯西的部分诗歌进行了翻译并分析了她"流淌着宁静"的诗行。赵文书在《华美诗歌三首》(《当代外国文学》2003 年第 3 期)中分别翻译了宋凯西、李立扬和陈美玲的一首诗歌,并在译文后对诗人进行了简单的介绍。四川大学朱徽的《当代美国华裔英语诗人述评》(《西南民族大学学报》2006 年第 2 期)对华裔英语诗人进行了综述,尤其关注白萱华、陈美玲、刘玉珍等华裔女诗人的作品。2010 年,美国太平洋大学副教授周晓静一人连发四篇关于李立扬的文章,其中一篇是对李立扬的简介(《关于美国当代诗人李立扬》,《诗歌月刊》2010 年第 5 期),三篇是诗作译稿(《李立扬诗四首》,《译林》2010 年第 3 期;《美国当代诗人李立扬(Li – Young Lee)诗选(12 首)》,《诗歌月刊》2010 年第 5 期;《李立扬诗选》,《诗选刊》2010 年第 9 期)。

在学术论文方面,原暨南大学外国语学院的龙靖遥(现工作于浙江师范大学)在《李立扬的"宇宙心灵":玄学与科学的糅合》(《当代文坛》2008 年第 4 期)中对李立扬的诗学核心词汇"宇宙心灵"(the Universal Mind)进行了分析。他认为李立扬以基督教、道教和印度教为基础,形成了独特的以"宇宙心灵"为核心的泛神论体系。龙靖遥指出:李立扬应用现代科学理论证明万物源头是宇宙心灵,并在诗歌中对这一玄学观点进行了书写和阐述,这种将文学、玄学、科学杂糅的现象具有重要的诗学意义。清华大学的黄清华在《时空、光影、色彩中的华裔美国文化——评诗人李立扬的〈柿子〉》(《文艺报》2009 年 11 月 5 日)中对诗作中多次转换的"教室"与"家"两个空间进行分析,认为两者的对比暗示着两种生存环境、语言文化、情感及思维方式的对比。她还指出:诗人利用时间的张力安排诗歌的叙事与抒情细节,通过展现光影/明暗、色彩之对比,基本实现了三个目的:"继续突出'柿子'这一中心意象;表现'我'与父亲在后者失明前后的心理与浓厚的父子情谊;呈现我在寻求身份认同过程中的失落感与进一步认识自我的愿望。"浙江师范大学的李贵苍书写了名为《赋感知以形式:华裔美国诗人白萱华的诗学突破》(《外国文学研究》2010 年第 3 期)的学术论文。他认为白萱华通过 40 年的不懈探索,超越了美国自现代主义兴起的诗学传统,最终形成了自身独特的诗学理念和以超长诗行著称的写作风格。文章在西方现当代哲学和美学的视域下,分析了诗人再现感知过程并赋予这个过程以形式的哲学意义,认为诗人通过挖掘事物的"物性"以求真,取得了在诗学方面难得的突破。

目前国内没有华裔美国诗歌方面的研究专著，只是将其作为华裔美国文学整体中的一个部分进行研究。在李贵苍的《文化的重量：解读当代华裔美国文学》一书中，作者用一章的篇幅对华裔诗人李立扬和陈美玲进行了研究，认为两者都是"在往昔的经历和个人历史积淀中寻找自我"。在《诗神远游——中国如何改变了美国现代诗》一书的第二章第四节，赵毅衡对林永得、陈美玲、施家彰等诗人进行了简单论述。

一些华裔/亚裔文学研究的选集中也有少数的单篇论文。在吴冰教授主持的国家社会科学基金项目"华裔美国作家研究"的成果集《华裔美国作家研究》中，19篇论文只有2篇与华裔诗歌相关，即南京大学张子清教授写的《华裔美国历史与社会现实生活的跨文化审视：华裔美国诗歌》及赵文书的《跨世纪华裔美国文学鸟瞰》。中国台湾学者单德兴在《"开疆"与"辟土"——美国华裔文学与文化：作家访谈录与研究论文集》中曾对夏威夷华裔诗人林永得与中国古典文学的关系进行了研究，通过关注"使用典故"这一写作策略分析林永得的"第三代华裔美国夏威夷诗人身份"的建立。该书同时还附了关于华裔诗人林永得和梁志英两人的访谈，具有重要的学术价值。

三、研究现状中存在的问题及选题的缘起

首先，诗歌被认为是"文学的最高形式"，它富于想象，在选词、节奏、韵律、结构等方面均有着较高的美感要求。它常能透过特定的形象和技巧，让字词蕴含双重或多重涵义，唤起读者的情感共鸣。遗憾的是，诗歌的美学特质难免框限了自身发展和相关批评，难以把控的艺术价值造成诗歌批评在现今整个文学批评中的边缘化，是诗歌研究的第一重障碍。

其次，人们通常认为诗歌长于表现个人感受和抒发内心情感，在宏大的民族、政治以及社会问题方面的书写具有局限性。因此，在注重族裔性研究的少数族裔文学研究领域中，学者往往认为诗歌的族裔性、社会性不强。这种偏颇观点导致少数族裔诗歌研究在少数族裔文学研究领域中的比重减少，是少数族裔诗歌研究的第二重障碍。

最后，华裔美国英语诗歌在国内只有少数的几篇诗歌选译，没有诗集翻译出版，对研究人员的英语水平要求较高。再加上诗歌本就比其他文类难以理

解，更加凸显了语言的障碍，这是国内华裔英语诗歌研究发展缓慢的主要原因，也是华裔美国英语诗歌研究需要突破的第三重障碍。

由于华裔美国英语诗歌面临的这三重障碍，它的研究现状中也存在一些问题。国内外的华裔美国英语诗歌多是在亚裔美国文学甚至美国少数族裔文学的大范围中进行，虽然诞生了相关的诗选集、原始资料集、研究著作和一定数量的硕博士学位论文和期刊论文，但在亚裔或少数族裔文学大背景下进行的研究很难对具有不同文化背景和移民经历的各个族群进行深入、具体的研究，亚裔和少数族裔的共性难免掩盖了华裔等不同族裔的文学美感和艺术特色。

而且，以现有的国内外华裔美国英语诗歌的研究成果来看，简单的译介、诗评过多，缺少深入、系统的研究。同时，对文本的关注度不够，过于注重自我认同、社会历史等族裔性方面，对诗歌的文学审美的研究不足。

为了解决华裔美国英语诗歌研究现状中存在的这些问题，本书将关注华裔美国英语诗歌的意象，力图发掘出其被长期漠视或忽略的文学审美性。但本书的主旨绝非"为艺术而艺术"的去族裔化研究，而是在关注文学审美的同时，反观其作为族裔文学之独特的社会、历史与文化价值。通过揭示华裔美国英语诗歌所体现的文学性与族裔性的关系，力求为华裔美国文学的未来发展及批评范式提供可资借鉴的范例。

第二节 本书的研究设想

一、研究对象及相关概念的说明

（一）研究对象的确定

本书研究对象的选定主要依据目前国内外华裔美国英语诗歌研究领域的三个重要材料：《华裔美国诗歌选集》（Chinese American Poetry：An Anthology，1991）、《亚裔美国诗人：传记、著作索引与批评原始资料集》（Asian American Poets：A Bio‐Bibliographical Critical Sourcebook，2002）和长篇论文《华裔美国历史与社会现实生活的跨文化审视：华裔美国诗歌》。根据这三个文本对诗人及诗集的选择、批评，选定三位主要华裔诗人李立扬、宋凯西、陈美玲的全部十本诗集，以及1971年（第一本华裔美国英语诗集出版）至今各阶段诗人的代表诗集，具体诗集为（见表1）：

表1　　　　　　　　　　　　本书诗集列表

诗人	诗集
李立扬	《玫瑰》、《我爱你的城市》、《我的夜之书》、《在我双眼后》
宋凯西	《照片新娘》、《无框的窗，光的广场》、《校园人像》、《乐土》
陈美玲	《矮竹》、《凤去台空》、《纯黄狂想曲》
白萱华	《巢》、《移情》
林永得	《疑义相与析》
刘玉珍	《WODE SHUOFA》
林小琴	《战争的孩子》
林玉玲	《算命者没说的》、《向后走》
刘肇基	《贾迪娜之歌》、《布鲁斯与青菜：一个农产品工人的日记》
梁志英	《梦尘之乡》
汤亭亭	《成为诗人》
施家彰	《柳风》、《红移网》、《结绳》、《银杏之光》
姚强	《喜悦侧影像：新旧作品集，1974—1988》

（二）相关概念的梳理

首先，学界目前与华裔美国诗歌（Chinese American poetry）相关的名称概念多且杂，如美国华人文学、美国华裔文学、华裔美国文学等。造成这种现象的部分原因是英语中"Chinese"一词根据不同的研究对象可分别翻译成华人、华文、华裔，它本身既可以指代三个中的任何一个，又可以包括三个，所以学界对美国华裔文学的学科名称尚未形成共识。为了避免产生同样的界定困惑，本书的研究对象——华裔美国英语诗歌——指具有华人血统，尤其是出生于美国的诗人用英语创作的诗歌作品。

其次，在文学及文化研究领域中，意象是比较抽象的概念。本书中所使用的"意象"这个术语在东西方文论中的定义也比较混乱。例如,《现代汉语词典》将其解释为"意境",并将"意境"解释为"文学艺术作品通过形象描写表现出来的境界和情调"。[20]在英语中,"意象"的对应词为"image"或"imagery",即可以表示"人物",也可以表示"形象"等意思。因此,本书的"意象"研究涵盖面较广,包括物象、人物、对特定群体的指涉、场景、隐喻等等。

二、本书的结构叙要

本书主体共五章,分别分析华裔美国英语诗歌的语言表征和意象使用。

绪论第一节介绍华裔美国英语诗歌的发展、研究现状、研究现状中存在的问题及选题的缘起。第二节说明本书的研究设想,包括研究对象的界定、研究结构、研究目的及研究意义。

第一到第三章借鉴比较文学的研究视野,关注华裔美国英语诗歌的语言表征特点。第一章从跨语言角度分析华裔美国英语诗歌中的汉语符码嵌入现象所折射的离散身份书写。第二章以诗歌与音乐的跨学科角度切入,从音步、停顿、叠句等方面分析华裔美国英语诗歌的节奏与族裔情感的关系。第三章借鉴诗歌与绘画的跨学科角度,从字母大小写、字体、诗行排列等方面分析华裔美国英语诗歌的书写变异中的族裔言说。第四章关注华裔美国英语诗歌中的意象,从食物、宗教、文学典故等角度,关注离散经历赋予华裔诗人的独特文化心态。第五章属于个案研究,对《埃仑诗集》、《孤之旅》和李立扬诗歌的画面感等小论题展开论述。

余论结合上文对语言表征与意象使用的发现和论述,分析华裔诗歌所体现的文学审美与族裔言说及两者关系对华裔美国文学创作与批评的启示。

三、研究的目的与意义

首先,本书具有重要的学科建设与补足意义。现今国内的华裔美国英语诗歌批评面临着诗歌作品理解与批评难度高、族裔文学研究领域中的刻板化族裔批判态度、缺乏中文译介引发的语言阅读困难这三重主要的障碍。这些弊端导致国内的华裔美国英语诗歌研究迟迟没有起步,在批评的广度与深度上与国外严重脱轨。作为国内首篇以华裔美国英语诗歌为独立研究对象的博士学位论文,本选题对国内外的华裔美国文学及少数族裔文学等研究领域都能提供有益的补充作用。

其次,本书对离散文学及比较诗学研究具有重要意义。华裔美国英语诗歌作为一种跨语言、跨文化的文学形式,是一个跨越性很强、极具特色的研究领域。而且,华裔美国英语诗歌中不仅有汉语语符嵌入、"天使岛"意象等全新的写作形式和内容,更有节奏操控、书写变异、"食物"、"在路上"等中美文学中常见的表征方式和意象发生偏离和变异的现象。华裔美国英语诗歌的语言与意象上的创新和发展拓宽了离散文学的书写和批判空间,对语言、文化与意识形态多样化观照下的比较诗学范畴提供了极好的借鉴。

最后,本书能为包括华裔美国文学在内的少数族裔文学提供一种新的批评视野。华裔美国文学的诞生及发展与美国20世纪60年代以来的族裔斗争息息相关,导致长期以来华裔美国文学批评始终关注作品的族裔性而忽略了文学性与艺术性的探究。一些作家深感刻板化族裔性批评对华裔美国文学发展的不利,高扬文学性的旗帜,刻意隐藏或躲避自身的族裔性,但随之而来的后果就是"族裔声音"在华裔美国文学和主流文学中的双重缺失。本书选择将族裔性批评与文学性批评两种视角相结合,在发掘其被长期漠视或忽略的文学审美性的同时,反观其作为族裔文学之独特的社会、历史与文化价值,希望避免只重族裔性或只重文学性的单一研究视角,对华裔美国英语诗歌作全景式的观照。力求通过揭示华裔美国英语诗歌所体现的文学性与族裔性的关系,为华裔美国文学的未来发展及批评范式提供可资借鉴的范例。

第一章

汉语符码的嵌入：跨文化的语言嬉戏与离散身份书写

作为一种跨语言、跨文化的文学形式，华裔美国英语诗歌充分体现了离散文学与美国社会环境的语言、文化多样性的特点。在这个极具跨越性的文学领域中，汉语与英语在此相遇，由于彼此的文化与意识形态体系的差异而产生了对话、交流甚至冲突、斗争的互动与交锋活动。这种语言互动与交锋的结果之一便是华裔诗人的语言特色的共同点——汉语符码的嵌入。

一、华裔美国英语诗歌中的汉语符码嵌入现象

在常见的四种汉语符码嵌入形式中最容易被忽略的恐怕是那些在英语中已有对应词的汉语符码，即某些符码在英语中已经具有约定俗成的"符号对等"（semiotic equivalent）。这类语码嵌入数量不多，大部分为名词，且多为中国传统文化中在世界范围内造成较大影响的事物的名称。比如，诗集《照片新娘》（*Picture Bride*，1983）中，宋凯西就先后使用了"tofu"（豆腐）、"mah-Jongg"（麻将）、"chopstick"（筷子）等词语。[1]另一位女诗人陈美玲（Marilyn Chin，1955—）的诗集《矮竹》（*Dwarf Bamboo*，1987）也先后使用了"the Great Wall"（长城）、"Yangtze"（长江/扬子江）、"Canton"（广州/广东）、"Confucius"（孔子）等对等符码。[2]

第二类汉语符码嵌入的情况是诗人将相关的汉语内容翻译成对应的英语。比如被誉为"夏威夷东西方文化台柱之一"的林永得（Wing Tek Lum，1946—）就在诗作中大量使用了汉语诗句的翻译。他的诗集《疑义相与析》

(*Expounding the Doubtful Points*，1987）的题目就出自陶渊明的诗句"奇文共欣赏，疑义相与析"，而且诗集中多首诗都使用了陶渊明、杜甫、苏东坡等人的诗句翻译。比如，陶渊明《杂诗》第五首中的"The ancients grudged even an inch of time"（古人惜寸阴）、"I recall when I was in my prime / I could be happy without cause for joy"（忆我少壮时，无乐自欣豫）、杜甫《赠卫八处士》中的"When we parted you were unmarried / Now you have a row of boys and girls / They smile at this old friend of their father's / and ask me from where have I come"（昔别君未婚，儿女忽成行。怡然敬父执，问我来何方）。[3]

除了诗句的翻译，华裔诗人还选用了一些词语的翻译。这些词语在英语中或已有对应词或常作为一个词组进行翻译。值得注意的是，华裔诗人们许多时候并不采用常见的翻译方法，而是直接按照每个字的涵义把词组拆分翻译。比如，"行草"在英文中常被译为"Cursive Calligraphy"或者"Xing and Cao Calligraphy"，但在陈美玲的《矮竹》中被写成了"running grass"这一形式，并被诗人在页末的注释处标注解释为"书法的字体"。[4]同样，"龙眼"的对应英语是"longan"，也被林永得以"Dragon Eyes"替代。[5]

第三类嵌入采用的是拼音的形式，也可以叫做"语音翻译"（phonetic translation），这是最常见且出现频率最高的一种。华裔诗人们或者直接采用汉语拼音，或者参照耶鲁粤语罗马化系统（Yale Cantonese Romanization System）和耶鲁汉语罗马化系统（Yale Chinese Romanization System）进行拼写。[6]例如，在诗集《我的说法》（*WODE SHUOFA*，1988）中，刘玉珍经常使用汉语拼音作为诗歌的题目，整部诗集的名字就叫做"WODE SHUOFA（My Way of Speaking）"，诗集第四部分的两首诗也分别题为"Dui Bu Dui：Right or Wrong"（对不对）和"Guanyin"（观音）。

除了汉语拼音，华裔诗人还按照粤语发音罗马化拼写诗句中的单词。粤语俗称广东话，当地人称白话，主要使用于中国的广东、香港等地区。由于美国很大部分的华裔移民均来自中国的广东省，因此美国各地的唐人街中粤语也是通用的语言，甚至对一些华裔诗人而言，粤语比汉语普通话更为熟悉，在诗作中使用的频率也更高。例如，汤亭亭在诗集《成为诗人》（*To Be the Poet*，2002）中就书写了母亲让她唱的粤语歌谣：

> Som Goong ah.
> Say Goong ah.
> Nay hoy nai, yah?
> Mah hai cup cup,
> say ngyeuk, yow say ngyeuk,
> nay hoy nai, yah?[7]

按照汉语发音用英语罗马化拼写而成的嵌入符码也很多，比如上文提到的"庄子"一词，陈美玲在《矮竹》中就写成了"Chuangtzu"（庄子）。还有一些诗人的父母并不是广东、香港等地的移民，他们对粤语不是很熟悉，也采用这种嵌入方法，例如，李立扬《玫瑰》（*Rose*, 1986）中的"chiu chiu"（蛐蛐）、"Kuen Ming"（昆明）等词。[8]

最明显的汉语符码嵌入形式是直接使用汉字。这种情况并不常见，通常出现在封面设计中。梁志英（Russell Leong, 1950—）的诗集《梦尘之乡》（*The Country of Dreams and Dust*, 1993）封面上就印有书法版的汉字"梦"，扉页和每部分的篇首上印有汉字"梦尘"。此外，陈美玲的三部诗集中都有汉字的使用。第一部诗集《矮竹》中，她将一首诗献给"character 好 or goodness"（献给"好"字）。第二部诗集《凤去台空》（*The Phoenix Gone, The Terrace Empty*, 1994）的题名诗《凤去台空》的题目下方就嵌入了汉字"川流不息"。在第三部诗集《纯黄狂想曲》（*Rhapsody in Plain Yellow*, 2002）的题名诗中，陈美玲写道多次使用了"Say：言"，将汉语语码直接嵌入了诗行中。

从最不引人注意的对等符号的使用到诗行中分外醒目的汉字的直接注入，本书所涉及的十余位华裔诗人的数十本诗集都使用了不同类型的汉语语码。如果从汉语语码嵌入的范围之广、频率之高、形式之多等方面看，这种将故国或祖居国的语言（汉语）融入到所在国语言（英语）的行为就绝不能简单地视为一个偶然的现象。

二、汉语符码嵌入与文化记忆

在《圣经》中，人们因为失去通用的"亚当语"而无法继续兴建通往天

---

[7] 大意为：三公啊。/四公啊。/你去哪呀？/马靴得得/四脚，又四脚，/你去哪呀？

堂的巴别塔,语言之重要性由此可见一斑。[9]而自从人们失去共享的语言后,世界上也便形成了不同的语言和文化群。后殖民文化批判理论的先驱者法农(Frantz Fanon,1925—1961)曾对语言和文化间的关系进行了分析,他认为"语言和集体之间有支撑的关系。讲一种语言是自觉地接受一个世界,一种文化"。[10]对于美国华裔而言,汉语是母国与祖居国的语言,代表着源远流长、博大精深的母体文化。从华裔诞生的那一刻起,他们便与祖居国有了割舍不掉的联系,既无法改变自身的生理遗传,族裔的文化脐带更是无法一刀剪断。虽然大多数华裔诗人的汉语水平并不高,但汉语及其代表的中国传统文化延续了几千年,依然是他们身份构成的一部分。而且,在亲友和华人社区的影响下,美国华裔的身上依然有中国文化血脉的涌动和母体文化基因的存在。从这个角度看,美国华裔诗人在诗作中频频使用各种形式的汉语符码,是因为他们始终保有对源远流长、博大精深的母国与祖居国的"文化记忆"。

"文化记忆"理论是由法国学者莫里斯·哈布瓦赫(Maurice Halbwachs,1877—1945)所提出的"集体记忆"(collective memory)概念发展而来的。在《论集体记忆》(*On Collective Memory*)一书中,哈布瓦赫指出"存在着一个所谓的集体记忆和记忆的社会框架(social framework)",它可以让"我们的个体思想将自身置于这些框架内,并汇入到能够进行回忆的记忆中去"。[11]可见,哈布瓦赫强调的是记忆的社会基础,他将记忆视为一种社会现象,具有社会框架,人在社会中通过与别人在语言、行为等方面的接触而获得记忆。正是从强调"集体记忆"的社会基础入手,哈布瓦赫将这一概念引入社会心理学领域,形成了巨大的影响。但与此同时,这一观念也受到了一些学者的质疑。德国学者杨·阿斯曼(Jan Assmann)就并不赞成哈布瓦赫"夸张地确信完全与世隔绝的人会没有一丝记忆"这一观点。[12]

正是看到了哈布瓦赫"集体记忆"概念的贡献与不足,杨·阿斯曼和妻子阿莱达·阿斯曼(Aleida Assmann)一起发展了哈布瓦赫的观点,提出了"文化记忆"(Das kulturelle Gedächtnis)的理论,将其引入文化研究的领域。在《集体记忆与文化认同》一文中,阿斯曼指出人类虽然不具有动物所拥有的确保自身种族存活的基因程序,却享有在世代繁衍中保持自身本性(nature)的工具——"文化记忆"(cultural memory)。"文化记忆"具有六大特点:它起着使群体的认同、关系凝聚/具体化(concretion)的作用,保留着一个群体获得自身认同的知识；它具有重建的能力，能够通过批判、转换等方式将知识与现时情况相联系；它通过语言、画面和仪式的媒体而客观化（objectivation）；它被制度性地组建并因此使其持有人（bearer）变得特殊；团体内的认同能创造一种价值与区别标准的明晰体制，制定知识和象征的文化供给；它具有实践、自我、自我形象三个方面的反身性（reflexity）。[13]

简言之，"文化记忆"是社会语境保存下来的能够指导我们的行为和经历的知识。它世代相传，时间上往往可以回溯很久，不局限于三四代之内记忆的限制。它依靠有组织的、公共性的语言、画面等形式的集体交流，解决群体成员的"我/我们是谁"的文化认同问题。"文化记忆"具有重建功能，能通过"文化载体"（figure of memory）固定并保存过去的重要事件及相关回忆，连接过去和现今以获得现时意义。许多华裔诗人曾对自己怀有的"文化记忆"进行了书写和论述，比如陈美玲在与汤亭亭的交谈中就表示："我感到自己确实是那中国传统的一部分。我不愿意和它割断联系。这就是我学习古汉语的原因。我感到它非常非常重要……我们的根在很早以前。我们是古老的心灵……我感到与我的中国根紧密相连。"[14]

但是，正因"文化记忆"包括每个群体内部世代流传下的全部知识，对美国华裔诗人的"文化记忆"进行全方位的解读就变得难以操作。哈布瓦赫认为，"言语的习俗构成了集体记忆最基本同时又是最稳定的框架"。[15]同样，在阿斯曼的理论中，语言既是群体内部世代流传的知识中重要的组成部分，同时又是群体交流的形式和载体之一。这两位学者都对语言在"文化记忆"中的重要性进行了充分的肯定。对于华裔诗人群体而言，各种形式的汉语符码本身就是他们的中国传统文化记忆的一部分，也是承载着这份"文化记忆"的有着数千年历史积淀的重要载体。

三、汉语符码嵌入与文化错置

另外需要注意的一点是，除了嵌入汉语语言最常见的表现形式——汉字之外，华裔诗人们还使用了汉语符码的多种变体，也就是上文所指出的对等符号、翻译和拼音三种。不可否认，汉语依旧是美国华裔的"文化记忆"中重要的一部分，但他们的文化语境及生存状态业已发生了翻天覆地的改变。华裔诗人群体居住在距离自己母国/祖居国千万里之外的美国，生活中接触的多是主流白人社会中的"WASP"（White Anglo–Saxon Protestant，白人盎格鲁－撒克逊新教）文化和嫁接的"唐人街"文化。[16]这种异质语境中的"文化错位"（cultural displacement）现实经历是华裔美国英语诗歌的嵌入汉语符码的变形与改写的直接原因。

美国华裔的"错位"经验由来已久，早在19世纪中期华人开始向美国移民时业已开始。如果说欧洲移民到达美国最先看到的是纽约港的埃利斯岛（Ellis Island）和自由女神像，迎接华人移民的则是旧金山海湾中的天使岛（Angel Island）。天使岛在1910年至1940年期间被美国移民局选用，拘留和审查经由太平洋入境的亚裔移民，其中华人占大多数。在这三十年中，约十八万华人移民曾被羁押在岛，接受少则数周、多则数月数年的移民身份合法性的审核。这些移民在拘留期间（the detainment）在居住营房的木墙上书写、镌刻了百余首的汉语诗歌，其中就有不少作品抒发了早期移民在异国他乡的错位感：

闷处埃仑寻睡乡，前途渺渺总神伤。（第16首）
旅居埃仑百感生，满怀悲愤不堪陈。（第19首）[17]

早期华人移民从熟悉的乡土迁徙到陌生的国度，从列强欺凌的弱国奔波到气势凌人的强权，经历了巨大的环境变化。他们怀揣着美国梦，为了摆脱贫困的家境，历经千辛万苦来到美国，不想刚下船就被拘留到天使岛的木屋中，每天空对着旧金山的海岸却无法登岸。在拘禁期间，华人移民终日饱受严苛的审讯制度、恶劣的生活环境、语言障碍和生活习惯差异等多重折磨，心中不免产生强烈的孤独感、漂泊感和错位感，催生了营房木墙上一首首辛苦篆刻出来的诗歌作品。

在顺利通过审核后，华人移民怀着心中的"金山梦"开始在美国工作和生活，他们早期多数被雇佣修筑铁路、淘金、开垦种植园，工作辛苦危险却报酬微薄。而且自1878年加利福尼亚州颁布住宅区隔离法案后，美国各地都先后强制华人移民在华人区聚居。所谓的华人区，事实上就是贫民窟，居住拥挤，生存条件极其恶劣，已经同非裔居住的哈莱姆（Harlem）一样成为种族隔离制度下的贫民聚居区的代名词。华人区的移民们为了抒发自己在异乡的种种辛酸的错位经历，写出了一首又一首"金山之歌"：

> 廿年悲作客。犹未返故宅。
> 遍历东南又西北。所为辄阻常蹙额。[18]

《金山歌集》（*The Songs of Gold Mountain*, 1992）选录了 1911 年的《金山歌集》和 1915 的《金山歌二集》中的 220 首华人移民创作的歌谣形式的诗歌。诗集按照诗歌的主题分为十一部分，每一部分的题目都显示了早期移民错位金山的苦痛："移民蓝调"、"搁浅旅居者之悲叹"、"远隔妻子之悲叹"、"怀乡蓝调"……

随着种族时代的过去和族裔时代的来临，华人区也渐渐演化成了各地的唐人街/华埠（China Town）。对于世代生活于唐人街中的华裔而言，唐人街之外的美国白人社区是主流，唐人街是边缘；另一方面，千里之外的故国是主流，它又是边缘。作为"双重边缘化的文化'飞地'"，唐人街充分显示了美国华裔的双重"文化错位"，既不见于故国的传统文化，又无法融入美国的白人主流。[19]

华裔学者尹晓煌在书中就曾转引过一位华裔的抱怨："生活在美国，生活在美国社会里，任凭是谁，只要他是白人，就能完全融入。但对我来说，不论我的思想多么西化，我的英语说得多么标准，我都无法成为美国社会中的一员。白人只要一看我的肤色，就想从我的英语里找出所谓的华人口音。"[20]这种错位的现状和痛苦在华裔诗人的笔下也有体现。旧金山女诗人林小琴（Genny Lim, 1946—）在诗集《战争的孩子》（*Child of War*, 2003）中写道：

> 我们被困
> 在枪管中
> 在威士忌酒瓶和尿中
> 在怀孕的肚子和香水中
> 在涂鸦中
> 在性中
> 在臭氧中

在前言不搭后语和智囊团中

在地毯式轰炸中

在白皮肤中

在自憎中

在死亡中

在金钱中

在大便中

在现实的避孕套中

在机能障碍的家庭中

在我们的身体中

在我们的存在中

在我们自身中

在美国的

白宫中[21]

空气、金钱、身体、家庭……生活中处处充满难以摆脱、让人窒息的错位感,成为囚困诗人身心的重重牢笼。十九行皆以"inside"(在……里)开头的诗句强调了现实生活中被困的苦楚及"错位"的无处不在。

另一位诗人林永得则对美国华裔"错位"的生存现状和原因进行了思考,在一首名为《翻译》("Translations")的诗中,他先后使用了"Tòhng Yàhn Gāai"(唐人街)和"Wàh Fauh"(华埠)两个耶鲁粤语罗马化短语,并利用诗行进一步揭示了两者之间的差别:

Tòhng Yàhn Gāai 曾经是

我们称呼

自己居住的

地方:"唐人

街"。后来,我们模仿

鬼佬说话

并只写下了

> Wàh Fauh——"华埠"。
> 区别
> 很明显:"人"
> 消失了。[22]

在诗句中,诗人借讲述华人聚居区的名字从"唐人街"到"华埠"的演变,指出了华裔主体迷失的现状:他们"模仿鬼佬说话",最后导致"人"的消失。美国华裔生活在以英语为"标准"语言的异质文化环境中。"鬼佬的语言"是主流的、标准的,具有权威性和合法性;而他们所说的汉语、粤语和洋泾浜英语等语言则是边缘的、被嘲笑的不合法语言。因此,在向美国的"文化大熔炉"(melting pot)政策归化的过程中,许多华裔用主流的、标准的英语描述边缘的、错位的、杂糅的自身时,不可避免会造成身份属性的迷失。在这里,语言是一个隐喻,它代表着语言所承载的"文化记忆"和身份归属感。作为华裔,中国性是他们身份构成的一部分,渗透在血液里,为了融入白人社会而故意剔除掉中华文化基因不可能的,这会导致华裔"文化记忆"上的残缺和失衡。

四、汉语符码嵌入与离散身份书写

陈美玲在一次电视访谈中曾说:"我怕失去中文,失去我的语言,失去它如同失去我的一部分,失去我的灵魂。诗歌似乎是重新捕捉它的一种方法,不过我们当然不能重新捕捉过去。矢量只朝一个方向去,那就是向着未来。"[23]这段话道出了美国华裔诗人群体的心声,既然不能重新捕捉过去,既然不愿也无法舍弃对中国的"文化记忆",美国华裔只能"向着未来"前进。他们借助"文化记忆"重建的能力与特点,通过批评(criticism)、挪用(appropriation)、保存(preservation)和转换(transformation)等方式将"文化记忆"与现实语境相联系。例如在《追求无限》("To Pursue the Limitless")一诗中,陈美玲在诗作中直接嵌入了一行汉字:

> You were faithful to the original
> You were married to the Chinese paradox
>
> 美言不信　信言不美
>
> Beautiful words are not trustful
> The truth is not beautiful.[24]

因为诗人已在上文指出了"中国悖论"的存在，下文又紧接着翻译、阐释这一悖论，所以这段诗行中的汉字在上下文语境中并不突兀。通过这种书写，与其说诗人实现了汉语和英语的并置，不如说她促成了两种文化声音的共存。一种语言的存在昭示着一种"文化记忆"的存在，英语中嵌入的汉字时刻提醒着一个现实：边缘的、被嘲笑的不合法语言及其代表的中国异域文化完全可以与主流的、标准的英语及盎格鲁-撒克逊文化共生共存。

而且仔细分析选文，我们可以发现嵌入的汉字出自老子的《道德经》，随后的两行诗句则与英国浪漫主义诗人约翰·济慈（John Keats, 1795—1821）的《希腊古瓮颂》（"Ode on a Grecian Urn", 1819）中广为流传的名句"Beauty is truth, truth beauty"（大意为"美是真，真美"）有联系。[25]对比老子和济慈的诗句，我们发现陈美玲的诗行实际上对中西传统文化记忆都进行了转换和改写。在汉字部分，诗人将《道德经》中"信言不美，美言不信"一句进行了句法调整（syntactic alteration），前后半句颠倒放置，对中国传统"文化记忆"进行了改写和挪用。英语部分最末一行的诗句"The truth is not beautiful"大意为"真不美"，又与济慈所主张的"真美"观点判然对立，显示了诗人对西方文学及文化传统的批评与转换。

从这个例子可以看出，一方面，美国华裔诗人拒绝汉语与英语之间边缘/主流、非法/合法的二元对立，也拒绝两种语言所代表的作为"文化记忆"的中国文化与作为"本土记忆"的美国文化之间的二元对立。通过将各种形式的汉语符码嵌入英语，诗人们将英语拉下神坛，使其从高高在上的霸权语言回归为"仅是一种普通语言"；另一方面，华裔诗人通过在异质语境中对汉语符码的挪用、保存和转换，打破了汉语原本浑然一体的稳定性，使其成为夹杂着鲜活异域生存经验的时刻变化、生长着的"活的语言"。

就如汤亭亭所描述的那样:"这是我说话的方式。这是我听到的周围的人说话的方式……我很幸运,我周围的人既讲汉语又讲英语……他们拼凑出的新词汇是英语,但却全得自于汉语的影响,而且我努力在我的写作中得到那种力量和音乐。"[26]正是因为外部错位的生存环境和内心怀有的从中国文化记忆中"得到那种力量和音乐"的期待,美国华裔诗人在诗歌创作中对"文化记忆"进行了重构,通过嵌入汉语符码来与现实的异质文化语境取得联系。他们挪用和转换汉语语码,将标准的、大写的英语(English)变成了夹杂着汉语、粤语、洋泾浜英语的破碎的、小写的英语(english)。

这种新的语言形式反映了美国华裔诗人建构离散主体身份的渴望和努力。林永得在受到赵建秀(Frank Chin, 1940—)的"亚裔感性"(Asian American Sensibility)言论的启发后曾写下了《本土感性》("Local Sensibilities")一诗,他指出:

> 当我想起夏威夷,
> 　我不幻想自己在棕榈树下躺着,
> 　　翠绿峭壁的背景,被温暖的微风轻抚;
> 相反我感谢我的同学和家族坟墓,
> 　这被我们称为家园的独特天地。[27]

对于华裔而言,夏威夷、美国或者中国都不是受刻板化印象的影响而产生的一幅幅虚幻的图景。相反,它们是通过"文化记忆"及"本土记忆"与华裔紧密相连的一个个实在的场所,是他们"称为家园的独特天地"。

美国华裔诗人拒绝汉语和英语及它们所代表的作为"文化记忆"的中国文化与作为"本土记忆"的美国文化之间的二元对立,同时否定了这两种语言及文化的权威,不愿再受"两个传统脐带的牵制"。[28]为了应对在"文化记忆"和"本土记忆"两个"传统脐带"之间的"错位"和随之导致的主体迷失,他们通过在英语诗歌中嵌入多种形式的汉语符码,创造出"源于两种语言而同时又游离于两种语言之外"的语言。[29]这种饱含"文化记忆"的崭新英语非但没有疏离华裔诗人与母语和祖居国"文化记忆"的联系、没有吞噬他们身处的所在国的本土记忆，它反而成为一种武器，使得错位在两种文化夹缝间的华裔诗人能够向中美两个世界表征自身的离散主体身份。随之而来的，则是既源于"文化记忆"和"本土记忆"同时又在两者交集处的离散主体身份和他们能够真正享有的"称为家园的独特天地"。

第二章

诗歌节奏：吟唱族裔情感的"黄色布鲁斯"[1]

在诗歌的起源问题上，朱光潜先生认为诗歌诞生于一种诗、乐、舞"三位一体的混合艺术"。他在《诗论》中指出："在原始时代，诗歌可以没有意义，音乐可以没有'和谐'（melody），舞蹈可以不问姿态，但是都必有节奏"，也就是说，原本"同源的"诗歌、音乐与舞蹈的"共同命脉是节奏"。[2] 既然节奏是诗歌的"命脉"，诗歌诞生之初如此，现今亦然。本章以华裔美国英语诗歌的节奏为研究对象，从音步（foot）、叠句（refrain）、停顿（pause）等格律角度探究华裔诗人的节奏操控手法及目的。

第一节 快慢徐急总相宜的音步：族裔话题的烘托

英语诗歌的节奏感来自于重读音节（stressed / accented syllables）与非重读音节（unstressed / unaccented syllables）的组合排列。通常情况下，一个重读音节和相邻的一、两个非重读音节相互作用，构成一个抑扬顿挫的组合，这个组合即是诗歌节奏的基本单位——音步（foot）。当多个音步连在一起、彼此相互作用时，就形成了诗行（line / verse）。一个诗行通常由数个音步构成，英语诗歌最常见的诗行形式为四音步（tetrameter）和五音步（pentameter）。既然音步与诗行都对诗篇的节奏有着重要的影响，是诗人控制诗篇节奏的基本手法，那么分析单个诗行中的音步数量不失为探究华裔诗人的节奏操控手法的一个有效途径。

第二章 诗歌节奏:吟唱族裔情感的"黄色布鲁斯"

在诗集《巢》(*Nest*)的题名诗中,白萱华这样写道:

☐ 'My | mother 'tongue, | 'Chinese, | 'has an | im'memorial | 'history | before 'me.
'I was | in'serted | 'into it, | a 'motive | for my 'language.
☐ 'I | 'learned it | 'naturally, | 'filling it | with in'tentions, | and will | 'leave it | without in'tent | for other 'children.
My 'mother | and 'I | ☐ 'speak | local 'language | and 'some | times 'our | mother 'tongue, | ☐ 'as | in my 'dream, | with its in'tent.[3]

注:☐代表脱音符(caret),'代表重音(accent),|标示音节分割。

从音步上来看,这四个诗行的音步数目均较多,分别为七音步(heptameter)、五音步、九音步(nonameter)和十音步(decameter)。而通常情况下,一个诗行只有四或五个音步。由此我们可以推断,白萱华采用了增加音步、增长诗行的操控方法来控制诗歌的节奏。

音步的增加与诗行的增长对诗歌节奏有几方面的叠加影响。首先,因为音步数量增加、诗行变长,读者阅读或吟诵诗行所耗费的时间自然更久。其次,随着音步数量的增加、诗行的变长,诗文的理解难度也会随之相应提高,读者阅读或吟诵的速度就会变慢。最后,如果音步数量增加、诗行变长,分配给每个音步和音节的气息就会更少,吟诵时的音质便会更低、更弱。也就是说,通过增加音步数目、加长诗行,白萱华使得诗篇的阅读或吟诵时间更长,速度更慢,音质更低、更弱,就产生了一种绵长、舒缓、轻柔、透着淡淡哀愁与苦楚的节奏。

白萱华是中荷混血儿,她虽然出生在北京,但因其后期在美国接受教育并定居,所以大部分学者皆认为她在诗作中极少触碰其他华裔诗人所关注的族裔认同、社会文化冲突等议题。[4]上面的这段引文可以改变这种看法。诗文大意为:

我的母语,汉语,在我之前有久远的历史。
我被植入它,我语言的一个动机。

我自然地学习它，将它装满打算，并将离开它 不打算教别的孩子们。
母亲和我说本地语言又有时说母语，就像在我梦中，带着它的打算。

在诗篇的第一行，"我"就郑重表明立场：汉语是"我的母语"，"我"深知它有着"悠久的历史"。第二行的"insert"（植入/嵌入）一词非常形象，生动地说明了"我"与母语先在、自然的亲缘关系，使得"我"可以"自然地学习它"。但从第三行的后半行开始，"我"的态度一转，不仅自己将"离开它"、不打算将汉语教给孩子们，而且"我"和母亲已开始说"本地语言"，汉语成了间或使用的第二语言。

对白萱华这样的身处异质语境中的离散个体而言，北京、中国是他们早已"丢失的家园"，"土地、血脉、领导、信仰"等华族"部落的所有基本要素"也已经一一改变、遗忘。既然家园早已在"不熟悉的环境中冒险再生了自己"，再执拗地将汉语视为母语已经没有任何意义，于是"我"决定使用"新的母语"，也放弃了"改变女儿母语"的打算。[5]诗文表面是在谈论汉语在华裔生活中地位的变化，实际是想借汉语从母语到间或使用的第二语言这一变化，暗示离散个体身份归属变化的心路历程。虽然诗文的措辞云淡风轻，但一与诗人精心调控出来的绵长、舒缓、轻柔的节奏相结合，现实生活中时刻困扰华裔的失去家园的苦楚与无奈、面对周遭改变时的彷徨与无助、再建家园的艰辛与痛苦等种种复杂、微妙的族裔情感也随之表现得淋漓尽致。

与白萱华增加音步数量、加长诗行的操控方法不同，林永得选择了减少音步数量、缩短诗行的截然相反的书写方式：

☐ ′You | ☐ ′must | be′come |
an′ass: |

　　or′worse: |
the′mule, | that |
′cross between | a male ′donkey |
and a′mare, |

第二章 诗歌节奏：吟唱族裔情感的"黄色布鲁斯"

　　□ ′is ǀ
Per′force ǀ s′terile.[6]

　　这首小诗的诗行很短，多为单音步（monometer）和双音步（dimeter），最多也只是三音步（trimeter）。首先，与正常的四音步、五音步的诗行相比，音步数量减少、诗行变短，使得读者阅读或吟诵诗行耗费的时间更短。其次，随着音步数量减少、诗行变短，诗行的理解难度随之相应降低，读者阅读或吟诵的速度就会变快。而且，因为音步数量减少、诗行变短，分配给每个音步和音节的气息就更多，吟诵时的音质便会更高、更强。也就是说，通过减少音步数目、缩短诗行，林永得使得诗篇的阅读或吟诵时间更短，速度更快，音质更高、更强，产生了一种短促、快速、有力的节奏。

　　这种减少音步、缩短诗行的节奏操控方法同样与诗篇的意旨息息相关。小诗名为《同化的条件》("*Terms of Assimilation*")，言简意赅地指出华人要想同化到号称"大熔炉"和"色拉碗"的美国社会中，首先必须要付出的代价是变成任劳任怨的"一头驴"："铺设/轨枕，砍甘蔗……承担着女人的/工作……洗衬衫，/煎蛋和香肠……做饭"。[7] 概言之，华人要像磨坊中蒙着眼睛埋头苦干的驴一样，从事甘蔗种植、洗衣服等白人不屑的各种体力工作，即使劳动强度大、工作环境差且报酬低廉也不能有所怨言。

　　同化需要付出的第二个沉重代价是被迫成了不能生育的"骡子"。美国主流社会在种族血统上采取白种人/有色人种的等级划分，信奉"白人至上"理念或"白人优越论"。为了维护自身的"白人血统"，在推行排华政策的一段相当长的时期内，美国各州颁布法令，禁止不同肤色种族之间通婚，如1924年的《反通婚法》就规定与华人结婚的美国公民，不论男女，自动丧失其公民资格。[8] 与此同时，美国政府又推出了禁止华人女性入境的其他法案。禁止白人与华族通婚和限制华人女性入境两个主要又有效的排华政策双管齐下，据统计，19世纪60年代在美华人男女比例为181∶1，严重失衡。华人移民被剥夺了最基本的人权，导致华人在美群体发展畸形，成为了"单身汉社会"。[9] 许多华人男性"孑然一身死去"，因为"鬼只/雇佣孤独的/男人"，"那些老男

---

[6]《同化的条件》：你必须变成/一头驴//或者更糟，/骡子，那公驴和母马的/混合物，//是/必然不能生育的。

人们……度过整个/一生而灵魂/在别处,他们的心/饱受希望的/重担,等待/再次团聚。/一些成功了/而我们/是那些相聚的/果实。一些/没有,/而他们/现在被其他人,/遗忘,/除了这些墓碑"。[10]

  《同化的代价》一诗只有寥寥 22 个单词,没有长篇大论,也没有华丽、冗繁的辞藻。诗人以最言简意赅的方式,用"驴"和"骡子"的形象比喻将华人在美的不公待遇全部揭露,配合以短促、快速、有力的节奏,一方面使读者生动地感受到主流社会的强硬与蛮横,体会到诗人对主流社会霸权语气的戏仿,一方面又将遭遇不公时华人心中的愤怒和谴责很好地烘托了出来。

  在《纯黄狂想曲》的题名诗中,陈美玲这样写道:

> 我什么时候成为郊区赐福的主人?
> 我们出生时说什么语言?
> 主人们的语言是侵略者的语言。
> 我们已经仔细地学习他们的抑扬顿挫。[11]

  对华裔而言,英语是"主人们的语言"、"侵略者的语言",掌握这门语言是华裔摆脱"驴"和"骡子"的身份,"成为郊区赐福的主人"、跻身主流社会的必要途径之一,也是他们在英语为第一语言的社会语境中发出边缘的声音,讲诉自身族群的"驴"和"骡子"般的悲惨经历的重要工具。因此,许多华裔诗人"仔细地学习他们的抑扬顿挫",力争能掌控诗篇的抑扬顿挫,用节奏来表达族裔心声。

  通过增加音步数目、加长诗行,白萱华使诗篇的阅读时间更长、速度更慢、音质更低、更弱,产生了一种绵长、舒缓、轻柔且透着淡淡哀愁与苦楚的节奏,将现实生活时刻困扰华裔的失去家园的苦楚与无奈、面对周遭改变时的彷徨与无助、再建家园的艰辛与痛苦等复杂、微妙的族裔情感表现得淋漓尽致。与之相反,林永得通过减少音步数量、缩短诗行,使诗篇的阅读时间更短、速度更快,音质更高、更强,产生了一种短促、快速、有力并蕴含着怒火与不甘的节奏。一方面使读者生动地感受到主流社会的强硬、蛮横、体会到诗人对主流社会霸权语气的戏仿;另一方面又将遭遇不公时华人心中的愤怒、谴责很好地烘托了出来。两种节奏操控方式虽然截然相反,效果或绵长或短促,但却异曲同工,都体现了音乐性节奏与族裔性内容的完美统一。

第二节 反复吟唱的叠句:族裔经历的突出

"叠句"(refrain)是华裔美国英语诗歌中经常出现的另一种诗歌节奏操控方法,它指一首诗中重复出现的,有时带有细小变化的部分诗行、诗行或一组诗行。[12]

林玉玲的诗作《丢失名字的女人》("Lost Name Woman")即是使用叠句的一个典型代表:

Lost Name Woman

Mississippi China woman,

why do you wear blue jeans in the city?

Are you looking for the rich ghost

to buy you a ticket to the West?

San Francisco China woman,

you will drink only Coca-Cola.

You stir it with a long straw,

sip ss–ss like it's a rare elixir.

Massachusetts China woman,

you've cut your hair and frizzed it.

Bangs hide your stubborn brow, eyes

shine, hurricane lamps in a storm.

Arizona China woman,

now you are in the Gold Mountain Country,

You speak English like the radio,

>but will it let you forget your father?
>Woman with the lost name,
>who will feed you when you die?[13]

诗篇共五个诗节（stanza），前四个诗节的第一行的句子结构皆相同，分别为："密西西比中国女人"、"旧金山中国女人"、"马萨诸塞中国女人"、"亚利桑那中国女人"，仅行首第一个单词进行了改动，其余部分均为"China woman"（中国女人），构成了叠句。叠句后的三个诗行分别描写密西西比州、旧金山等地华人女性的美国生活：从"穿着蓝色牛仔裤"、"剪了头发并使它卷曲"等外形仪表上的改变，到"只喝可口可乐"、"仿佛它是罕有的长生不老药"的饮食偏好，再到"像收音机上那样说英语"的语言转换。在细数美国华裔女性所经历的外形仪表、饮食、语言方面的种种改变之后，最后一个诗节语风一转，直指华人女性改变可能引起的后果——成为"丢失了名字的女人"。

对华裔而言，离散经历既是赐福又是诅咒。说它会带来福祉是因为离散经历可以使华裔个体坐拥祖居国与居住国两国的文化精髓，享有常人难以企及的跨文化视野。但我们不能忽略的是，文化具有内在的排他性，一旦两种文化无法协调、共荣，诅咒便随之而来。华族文化延续了几千年，在父母和社区的影响下，华裔身上依然有中国文化血脉的涌动和母体文化基因的存在。但是，华裔又时时刻刻身处异质文化语境之中。美国社会中占主流的是盎格鲁-撒克逊白人文化，并且美国政府一贯重视少数族裔在"文化大熔炉"中的归化。在接受《新闻周刊》（Newsweek）的访谈中，谭恩美说到："美国号称大熔炉，但同化的结果却是让我们刻意选择典型美国的东西，像是热狗、薯条，而忽略中国的东西。"[14]

在白人文化的强力同化下，许多华裔女性就如同诗篇中的"密西西比中国女人"、"旧金山中国女人"、"马萨诸塞中国女人"和"亚利桑那中国女

---

[13] 密西西比中国女人/你为何在城市中穿着蓝色牛仔裤？/你是在寻找有钱的鬼吗/给你买一张去西方的车票？//旧金山中国女人/你将只喝可口可乐。你用长长的吸管搅动，/咝咝地啜饮仿佛它是罕有的长生不老药。//马萨诸塞中国女人，/你剪了头发并使它卷曲。/刘海隐藏你倔强的眉毛，眼睛/发光，风暴中的防风灯。/亚利桑那中国女人，/现在你在金山国家，/你像收音机上那样说英语，/但它会让你忘记父亲吗？//丢失了名字的女人，/当你死时谁会喂养你？

人"一样,被牛仔裤、卷发、可口可乐、英语等美国文化的典型代表渐渐侵蚀,成了一个个"香蕉人","除了她的头发和皮肤是中国式的外,她的内部,全是美国制造的。"[45]她们一心想融入主流社会,主动除去身上与华族文化相联系的部分。但作为华裔,中国性及华族文化是她们身份构成的一部分,渗透在血液里,为了融入白人社会而故意剔除掉华族文化基因,或者试图用白人文化基因代替华族文化基因的种种做法均是不现实的,"至少不会像川剧变脸那样自然、神奇、快捷,不着痕迹"。[16]而且,这种与母体文化基因痛苦撕裂的最终受害者也往往是个体本身。正如诗篇所写,"密西西比中国女人"、"旧金山中国女人"、"马萨诸塞中国女人"和"亚利桑那中国女人"最终丢失了自己的名字。名字是一个人身份的最基本标示,是个体区别于其他个体的最基本符号。诗篇所说的"丢失名字"并非取其字面意义,而是借此暗示部分华裔为了融入白人社会而故意剔除掉华族文化基因,或者试图用白人文化基因代替华族文化基因的种种做法断然不可取,会给自身带来永恒的诅咒——身份认同上的残缺和失衡。

在《英诗格律及自由诗》一书中,吴翔林曾指出,叠句可突出某些"关键性"的词组或诗行,加深读者的印象,有时还可以用来"表达一首诗的主题思想"。[17]在本诗四个叠句的末尾,"中国女人"反复出现,是诗篇的关键性词组,也使读者更加明了诗篇的描写对象。句首的密西西比、旧金山等地点不断改变,提供了每个"中国女人"故事切换的场景。随着诗篇的行进,相同的对象、不同的地点、类似的事件不断重复,反复吟诵的节奏使得"密西西比中国女人"、"旧金山中国女人"、"马萨诸塞中国女人"和"亚利桑那中国女人"的经历脱离了特殊性和个人性,具有了普遍性和集体性意义,成为象征整个华族经历的寓言。同时,四个叠句不断重复,并在诗篇题目"丢失名字的女人"的呼应下,全诗在最后一节的"丢失名字的女人"一处达到了节奏的高潮,点明了全诗的"主题思想":华裔为了同化入白人文化而故意剔除掉华族文化基因,或者试图用白人文化基因代替华族文化基因的种种做法断然不可取,会给自身带来身份认同上的残缺和失衡。

另一位女诗人陈美玲也是节奏操控的高手,她擅于借鉴各种节奏形式的音乐创作诗歌。布鲁斯(blues,又译蓝调)、双重奏(duet)、狂想曲(rhapsody)、咏叹调(aria)、间奏(interlude)、小奏鸣曲(sonatina)、民歌(folk song)的节奏神韵都曾在她的诗篇中出现过。《黄色布鲁斯》（"Blues on Yellow"）一诗即是其中的代表作：

The canary died in the gold mine, her dreams got lost in the sieve.
The canary died in the gold mine, her dreams got lost in the sieve.
Her husband the crow killed under the railroad, the spokes hath shorn his wings.

Something's cook' in in Chin's kitchen, ten thousand yellow - bellied sap-suckers baked in a pie.
Something's cook' in in Chin's kitchen, ten thousand yellow - bellied sap-suckers baked in à pie.
Something's cook in in Chin's kitchen, die die yellow bird, die die.

O crack an egg in the griddle, yellow will ooze into white.
O crack an egg in the griddle, yellow will ooze into white.
Run, run, sweet little Puritan, yellow will ooze into white.

If you cut my yellow wrists, I'll teach my yellow toes to write.
If you cut my yellow wrists, I'll teach my yellow toes to write.
If you cut my yellow fists, I'll teach my yellow feet to fight.

Do not be afraid to perish, my mother, Buddha's compassion is nigh.
Do not be afraid to perish, my mother, our boat will sail tonight.
Your babies will reach the promised land, the stars will be their guide.

I am so mellow yellow, mellow yellow, Buddha sings in my veins.
I am so mellow yellow, mellow yellow, Buddha sings in my veins.

O take me to the land of the unreborn, there's no life on earth without pain.[18]

布鲁斯是 19 世纪末美国南部的黑人奴隶在做工歌（work songs）、灵魂乐（spirituals）、田间号子（field holler）等音乐形式的基础上创作而成的音乐体裁，它是美国早期黑人奴隶辛苦生活的产物。建国之初的美国，地广人稀，急需大量的廉价劳动力，许多非洲黑人被欺骗、甚至被强行贩卖到美国。作为奴隶，黑人所从事的都是开垦土地、伐木、采摘棉花等粗重体力活，还不时受到主人的辱骂和鞭打，毫无自由、平等和人权可言。雏形的布鲁斯音乐——做工歌和田间号子——就是奴隶们艰辛劳作的苦楚催生而成。作为一种艺术和文化形式，布鲁斯音乐与美国建国初期的奴隶制度和种族主义息息相关，是对美国非洲裔少数族裔先人的生活的真实写照。

同为白人强势社会中的有色少数族裔，早期华人移民的境遇与黑人奴隶的生活难免相似。虽然大部分华人移民是自愿来到美国，但仍有部分移民是因为受到哄骗甚至被"抓猪崽"而离开故土。而且，华人移民所从事的淘金、修筑铁路、开垦种植园等工作虽有酬劳，但薪水却极为低廉，食宿条件也很差，工作中也不时受到雇主的辱骂和殴打。在《黄色布鲁斯》中，许多早期华人移民怀揣着发家致富的美梦，结果却是"死在了金矿里"、"梦想丢在筛子里"，或者"在铁路下丧生"。他们就像"黄腹啄木鸟"一样，被"煮烧"、"烘烤"在象征美国社会的"派"中，忍受白人"死死黄鸟，死死"的辱骂和诅咒。

吉米·斯科特曾评价布鲁斯音乐是"关于现实的音乐。生活就是蓝调。

---

[18] 金丝雀死在了金矿里，她的梦想丢在筛子里。/金丝雀死在了金矿里，她的梦想丢在筛子里。/她的丈夫乌鸦在铁路下丧生，轮辐已剪断他的翅膀。/什么东西正在陈的厨房中煮烧，一万只黄腹啄木鸟烘烤在一个派中。/什么东西正在陈的厨房中煮烧，一万只黄腹啄木鸟烘烤在一个派中。/什么东西正在陈的厨房中煮烧，死死黄鸟，死死。/哦 在浅锅上打开一个蛋，黄将渗进白中。/哦 在浅锅上打开一个蛋，黄将渗进白中。/跑，跑，甜美的小清教徒，黄将渗进白中。//如果你割掉我的黄手腕，我会教黄脚趾去写字。/如果你割掉我的黄手腕，我会教黄脚趾去写字。/如果你割掉我的黄拳头，我会教黄脚去斗争。//别害怕消亡，我的母亲，佛祖的怜悯在咫尺。/别害怕消亡，我的母亲，我们的船今晚起航。/你的宝贝们将到达应许之地，星星们将引领方向。//我是如此柔美的黄，柔美的黄，佛祖在我血管中歌唱。/我是如此柔美的黄，柔美的黄，佛祖在我血管中歌唱。/哦 带我去未重生的土地，世界上没有不痛的生活。

生命会终结，悲伤是必然的，痛苦不可避免。蓝调展现了一切。不过当你在唱、在听蓝调音乐时，你就已经在改变了。在那些诉说着有史以来最悲伤的故事的歌曲之中，你觉得生命无比的真实。那就是蓝调的力量，那就是奇迹——看着蓝调把忧郁完全驱散"。[19] 秉持着布鲁斯音乐宝贵的"驱散忧郁"精神，陈美玲也试图在《黄色布鲁斯》中宣泄心中的不满，安慰受到种族歧视的少数族裔："如果你割掉我的黄手腕，我会教黄脚趾去写字。/如果你割掉我的黄拳头，我会教黄脚去斗争。"拥有黄皮肤的华裔是美国社会中的一员。不论"甜美的小清教徒"同意与否，"黄将渗进白中"，并最终"到达应许之地"。

不仅诗篇的描写对象与主题思想与非裔的布鲁斯音乐相契合，诗篇的结构形式更是仿照布鲁斯音乐而成。现今最常见的布鲁斯结构诞生于20世纪初，四小节（bar）一行，三行一段，并且前两行的歌词通常是相同的，称为"AAB"样式。[20] 陈美玲的《黄色布鲁斯》即是仿照布鲁斯音乐的节奏标准形式而成。例如第一诗节：

The canary died in the gold mine, her dreams got lost in the sieve.　　A
The canary died in the gold mine, her dreams got lost in the sieve.　　A
Her husband the crow killed under the railroad, the spokes hath shorn his wings.　　B

诗节共三行，第一诗行（A）与第二诗行（A）完全相同，第三诗行（B）与前两诗行不同，三个诗行组合在一起构成AAB结构。

整个诗篇也是这种节奏形式。每个诗节中前两诗行的音步、单词等基本要素完全相同，构成了我们熟知的叠句。全诗六个AAB结构诗节组合在一起，就产生了独特的节奏感：

AAB - AAB - AAB - AAB - AAB - AAB

在这样的结构下，原本篇幅不短的《黄色布鲁斯》演化为一个整齐划一的有机体，引导读者在反复回荡的节奏中领会诗歌主旨，用自身独特的音乐性和韵律美吟唱出了早期华人移民的艰辛生活和不屈意志。

作为一种控制诗歌节奏的结构形式，叠句不仅可使诗歌具有反复吟唱的节奏美，还可以通过突出"关键性"的诗行点明诗篇的主题。通过每个诗节第一行不断重复的四个叠句和题目、结尾句的呼应，林玉玲使诗篇在最后一节达到了节奏的高潮，并凸显了华裔用白人文化基因代替华族文化基因的做法的不可取。陈美玲借鉴美国非裔的布鲁斯音乐的描写对象与节奏结构，通过六个AAB结构的叠句诗节的组合，使原本篇幅不短的诗作演化成了整齐划一的有机体，引导读者领会早期华人移民的艰辛生活和不屈意志。在这反复吟唱的节奏美感之中，美国华裔独特的族裔话题得到了一次次的书写和升华。

第三节　抑扬顿挫的停顿：族裔情感抒发的增强

停顿（pause）是华裔诗人的又一操控诗篇节奏的途径。诗篇中是否有停顿、停顿的位置以及停顿次数的多少等不同情况都可使诗篇的节奏发生变化。

在名为《臭眼》（"Stink Eye"）的诗作中，宋凯西向读者展示了一个女孩所遭遇的不公待遇：

> 你总是撞见臭眼，
> 总是向妈妈哭诉有人
> 排斥你。
> 当臭眼冷酷时，真他妈冷，
> 它会让你发抖和哭泣，
> "但是妈妈，妈妈，我做了什么呀？"[21]

"臭眼"（stink eye）指充满轻蔑、厌恶、不满等意味或情绪的眼神及面部表情，这一说法发源于夏威夷。[22] 夏威夷群岛于1778年被欧洲航海家库克（James Cook）发现，1843年英国宣称拥有夏威夷的主权，1849年法国宣称占领夏威夷，1898年美国吞并夏威夷，1959年美国宣称夏威夷为第五十个州。夏威夷的历史写满了白人种族的入侵、占领、吞并，种族主义的迫害更使得纯血统夏威夷原住民由1778年的30万锐减为20世纪末的不足一万人。[23] "臭眼"这一说法正是这样的历史背景和生存经历催生而成。在国家主权遗失、种族主义当道的残酷现实情况下，被入侵、占领与吞并的有色人种不得不忍受作为入侵者、占领者和吞并者的白人种族的各种轻蔑、厌恶、不满的眼神。他们就像诗文中无辜的女孩一样，始终不明白自己"做了什么"，也根本没有"做了什么"，却要面对"排斥"、"冷酷"的种族主义眼神，只能无辜地"发抖和哭泣"，忍受身心所遭受的巨大伤害。

随着种族时代的过去和族裔时代的来临，在美国政府所推行的"政治正确"（political correctness）等族裔政策的作用下，主流社会对夏威夷人、华裔等有色少数族裔的语言、肢体上的种族主义歧视行为明显减少，但"臭眼"这一个小小的眼神依旧是他们心中永恒的痛：

> 被插得像带有如此多根针的
> 枕垫，被插得
> 像一株仙人掌，被插得像一只豪猪。[24]

被插满针的枕垫、长满刺的仙人掌和体表披有长刺的豪猪三个形象生动地展示了少数族裔在宛如一道道利剑的"臭眼"下身心的百孔千疮。

所幸的是，在经历了无数的不公遭遇之后，"我"终于发现了一种对待"臭眼"的方法：

> 跑得快、拼得好、写得好、加得上、想得快、
> 说得利、走得美、跳得高、掷得猛、唱得甜、
> 跃得远。[25]

也就是说，少数族裔如果想要摆脱"臭眼"，成为美国社会中普通、平等的一员，其跑、跳、跃、走、掷等身体素质，语言的拼写、书写和使用技巧，歌唱、计算、思考等综合能力样样都要精、样样都要强。诗文提及的每一项能力和技巧的实现尚且需要常人付出艰苦的努力，更何况是成为样样精、样样强的全才。这从侧面向读者暗示了少数族裔在白人主流社会中的艰辛和不公的生存经历。

作为结尾的高潮部分，这部分诗文与诗篇其余部分的节奏存在明显的差异。在英诗格律中，如果一个句子、从句或词组在一个诗行的末尾终止，并且在意义和语法上它与下一行没有紧密关联的话，这样的诗行在节奏上需要停顿一下，称为"行末停顿"（end - pause）。[26] 这是英语诗歌中最常见的停顿方式，也是《臭眼》一诗大部分诗行所采用的停顿方式。本段引文虽然在行末也构成了停顿，但其节奏却是由诗行中所出现的大量的"行内停顿（caesura）"所控制的：

So ′girl, ‖ run ′fast, ‖ spell ′good, ‖ write ′well, ‖ add ′up, ‖ think ′quick, talk′sharp, ‖ walk ′pretty, ‖ jump ′high, ‖ throw ′hard, ‖ sing ′sweet, leap′far.

行内停顿指诗行内部的停顿，通常由语言的自然节奏所决定，且常由标点符号标出。通常情况下，英语诗歌的诗行大多数没有行内停顿，或者有一到两个行内停顿，例如第一节中白萱华超长的九音步、十音步诗行也不过两个行内停顿。但在本段引文中，五音步诗行居然有四个行内停顿，六音步诗行的行内停顿更高达五个，明显体现了诗人利用行内停顿操控诗篇节奏的意图。

在行内停顿与行末停顿的相互配合下，整段诗文的十二个音步既各自独立，又是统一的整体。独立性体现在诗人操控而出的九个行内停顿和两个行末停顿，它们将整段引文分割成了彼此间意义独立、语法合理、能构成停顿要求的并置的十二个小部分。整体性是因为这十二个音步大多数为"抑扬格"（iambus），即一个非重读音节与一个重读音节的组合，十二个抑扬格的叠加使得引文部分呈现出先轻后重、整体的"上升节奏"（rising rhythm）。

《美国独立宣言》（*The Declaration of Independence of the United States of America*，1776）的前言明确写道："我们认为下述真理是不言而喻的（self - evident）：人人生而平等。"人人生而平等虽是美国的基本建国理念，但社会现实却往往与此相悖。包括"女孩"在内的少数族裔如想成为美国社会中平等的一员，身体素质、文化水平、综合能力等样样都要精、样样都要强，这从侧面向读者暗示少数族裔在白人主流社会中的艰辛和不公经历。随着诗行的推进和"我"的建议的一项项罗列，诗歌的节奏也在逐渐攀升，最后与内容叠加在一起,达至最后的高潮,实现了对主流白人对同是生而平等的个体——少数族裔——的隐形种族歧视的控诉。

与宋凯西大量使用行内停顿的节奏调控截然不同,林永得在名为《少数族裔诗歌》的作品中展示了少顿、甚至无顿的节奏控制手法:

> Why
> We're just as American
> as apple pie—
> that is, if you count
> the leftover peelings
> lying on the kitchen counter
> which the cook has forgotten about
> or doesn't know
> quite what to do with
> except hope that the maid
> when she cleans off the chopping block
> will chuck them away
> into a garbage can she'll take out
> on leaving for the night. [27]

该诗共十四行。在前三行中,诗中人物"我们"代表全体少数族裔提出了一个问题:"为什么/我们是像苹果派一样/正宗的美国人"。从节奏角度来说,第一行的"why"(为什么)一词因为单独构成一个音步、独占一行而获得了最大程度的节奏强化,充分暗示了这个问题对少数族裔的困扰程度。从第一行到第三行末尾既没有行内停顿也没有行末停顿,连贯的语气更凸显了第三行末尾的行末停顿,加之第三行末尾的破折号的作用,使得第三行末尾的停顿节奏比普通行末停顿的停顿周期更长。这体现了诗人渴求与读

---

[27]《少数族裔诗歌》:为什么/我们是像苹果派一样/正宗的美国人——/那是因为,如果你也算上/厨师已经忘了/或者完全不知道/如何处置的/只希望女佣/清理菜板时/将它们扔进/垃圾罐中/晚上离开时拿走的/躺在厨房柜台上的/剩余果皮。

者沟通的诉求，希望诗篇开端所提出的少数族裔的困惑能引起读者的思考。

针对前三行提出的"为什么/我们是像苹果派一样/正宗的美国人"这一问题，诗人紧接着提供了一个异常冗长的答案："如果你也算上/厨师已经忘了/或者完全不知道/如何处置的/只希望女佣/清理菜板时/将它们扔进/垃圾罐中/晚上离开时拿走的/躺在厨房柜台上的/剩余果皮"。这个答案横贯十一行，从第四行中部的行内停顿开始到整个诗篇的结尾既无行内停顿亦无行末停顿，凸显了诗文的主题——无法兑现的美国梦是少数族裔的困惑和苦恼根源所在。

美国，这片美国国歌中歌颂的"自由人的土地"（the land of the free），这个《独立宣言》中号称"人人生而平等"的国家，这个国徽上明确标示"合众为一"（E Pluribus Unum）的联合体，几百年间吸引了世界各个国家、地区与种族的无数移居者。有人美梦成真，有人则发现自己的美国梦根本无法兑现。华裔学者尹晓煌在《美国华裔文学史》一书中曾转引过一位华裔的抱怨："生活在美国，生活在美国社会里，任凭是谁，只要他是白人，就能完全融入。但对我来说，不论我的思想多么西化，我的英语说得多么标准，我都无法成为美国社会中的一员。白人只要一看我的肤色，就想从我的英语里找出所谓的华人口音。"[28] 美国社会所宣扬的自由民主神话就像美丽的肥皂泡，一旦放在种族语境中便会立即破灭。少数族裔从未能如主流媒体所宣称的那样，是苹果派一样正宗的美国人，反而更像"厨师已经忘了/或者完全不知道/如何处置的/只希望女佣/清理菜板时/将它们扔进/垃圾罐中/晚上离开时拿走的/躺在厨房柜台上的/剩余果皮"。

从这个主题反观节奏，我们发现诗人采用了"跨行（enjambement）"的节奏操控手法。英语诗歌的诗行通常由一个句子、从句或短语构成，如果一个诗行在意义与语法上与下一诗行存在密不可分的紧密联系，则需要从该诗行跨入下一个诗行，两行放在一起阅读、理解，这样的诗行被称为"跨行的诗行"（run-on verse）。[29] 因为"跨行的诗行"需要放在一起阅读和理解，所以两个诗行间没有行末停顿，能够紧密地"榫合"（dovetailing）在一起，通过取消行末停顿而引起节奏的变化。[30] 从第四行中部的行内停顿开始一直到诗篇的结尾，诗文一个从句连一个从句，一个短语接一个短语，使得十一行的节奏榫合在一起，一层层地限定、缩小指涉范围，也一点点凸显了诗文的主题。如果说美国主流社会是苹果派的话，白人则是制作苹果派的主要原料——苹果的果肉，少数族裔虽然也是苹果派的组成部分，但却是使用过后被丢弃在外的果皮。苹果派的比喻揭露了少数族裔始终游离于美国主流社会之外、处于社会边缘的现实，暗示了作为果皮的他们从未真正地与作为果肉的主流白人"生而平等"，也从未"合众为一"到美国社会的大苹果派中。

在这一节中，宋凯西和林永得两位诗人通过控制诗篇中是否有停顿、停顿的位置以及停顿次数的多少等手法对诗篇的节奏进行了干预。宋凯西通过正常使用停顿和多次、连续使用行内停顿，创造了先后节奏存在明显差异的书写方式。特别是在结尾部分连续的九个行内停顿和两个行末停顿的相互配合下，十二个音步既各自独立，又构成统一的整体。音步的推进、节奏的攀升与诗文内容的一项项罗列叠加在一起，达至最后的节奏与内容完美统一的高潮，实现了对隐形种族歧视的控诉。林永得通过跨行技巧，减少了停顿的出现次数，既使一部分诗文获得最大程度的节奏强化，又使得一个从句连一个从句、一个短语接一个短语榫合在一起的十一行的节奏能够一层层地限定、缩小指涉范围，也一点点凸显了诗文的华裔美国梦破灭的主题。作为操控诗篇节奏的一种有效方法，停顿的巧妙使用能使诗篇呈现抑扬顿挫的节奏美，具有常规诗体无法企及的族裔情感抒发力度。

第四节　起承转合的断续：族裔言说张力的释放

如果说停顿是通过标点符号、诗行分割等途径引起诗行内或诗行间的微观的节奏变化，断续则是在诗篇的段落和总体结构等宏观方面影响诗文的整体节奏。上佳的断续应该是文断而意不断，也就是说，在诗文的主题思想贯穿全篇、保持一致的前提下，打破呆板的段落布局，用错落有序的结构产生跌宕起伏的节奏效果。

刘肇基的《承诺》（"The Promise"）一诗体现了诗人超凡的断续操控能力。全诗共有两个部分。第一部分诗篇的断续依赖于不时变化的人物视角和诗节独特的排列格式：

my grandfather

detained

on an island

of hell named angel

...

  your parent

  contained

  up here in the original tules

  where it still snows

  in april

  streaks of white

  on engulfing crags of stone

  ...

here on an island

of sun bleached rocks

where chinese grandmothers

sat on benches

in the long afternoon

waiting for years feet inches

forentrance to gold mountain

the broken glass of windows

lay on the floor

jagged tears eating dust

...

  today we rode in chartered buses

  to get here

  with scantbelongings as

  your parents once rode in buses

  bayonets at every window

    like a road sign

>   ...
>   today
>   i take a ferry
>   across the water
>   with only a sack lunch
>   as my grandfather
>   carried only a bundle wrapped in cloth
>   tossed in the hold of a ship
>   like a wet mop.[31]

诗人首先选用了不断变化的人称视角。诗篇以"我的祖父/被羁禁/在一个名叫天使的/地狱岛上"开始,使用的是第一人称,从"我"的视角介绍祖父的天使岛经历。紧接着视角一转,另一个人物登场:"你的父母/被控制……在吞噬的石头峭壁上",仿佛在与"我"对话,讲述"我"父母的拘禁经历。接着,"我"又再次出场,讲诉"中国祖母们/坐在长凳上/在漫长的下午/等着金山的入口"的历史。之后,另一人物又再度发声:"我们乘坐租赁的公交车/来到这里/拿着不足的行李就像/你父母曾经坐在公交车上"。最后,话语权又回到开篇的"我"那里:"今天/我乘着渡轮/穿过水面/只带着一袋午餐/就像我的祖父/只拿着被布包着的行李捆/投掷在船舱中"。概括起来,第一部分的人称视角如下所示:

"我" → 另一个人物 → "我" → 另一个人物 → "我"

不仅人称视角不时地变化,诗篇的诗节布局也因为视角差异而有所区别,所有第一人称视角的诗节全部是正常排列,而与另一个人物言说的相关诗节则

---

[31] 我的祖父/被羁禁/在一个名叫天使的/地狱岛上……你的父母/被控制/在这里 在原初的锐蓟草中/依旧下着雪/在四月/白色的条纹/在吞噬的石头峭壁上……在这里 在一个/岩石被阳光漂白的岛屿上/中国祖母们/坐在长凳上/在漫长的下午/等着金山的入口/一年年 一尺尺 一寸寸/窗子的碎玻璃/躺在地上/参差不齐的眼泪吃着灰尘……今天我们乘坐租赁的公交车/来到这里/拿着不足的行李就像/你父母曾经坐在公交车上/用刺刀刺像路标的/每一扇窗子/……今天/我乘着渡轮/穿过水面/只带着一袋午餐/就像我的祖父/只拿着被布包着的行李捆/投掷在船舱中/像湿拖布。

全部向右缩进：

     "我"
     "我"
       另一个人物
       另一个人物
     "我"
     "我"
       另一个人物
       另一个人物
       另一个人物
     "我"
     "我"

  在这样的诗节排列与人物视角的共同作用下，第一部分仿佛是一幕歌剧，剧中的人物一个是站在前景的"我"，一个是相对隐蔽的与"我"对话的另一个人物，两人时断时续，交替发声，一唱一和，将早期华人经历了长时间跋涉后又被拘禁在天使岛的凄苦移民经历——展现。

  在第二部分，人称再次发生改变，由第一部分中的"我"或另一个人物的单数人称变为第一人称复数"我们"：

    we come in
    all of us with names
    not numbers
    and

    no… no…
    we will never
    go to tule lake again

and no…

i cannot tell you how many feet

the duckpond is from my backdoor

and no…

we will never

give up our names

and yes…

this land is our land

and yes…

we will share it with

people of all tribes

and yes…

all your guns

are worthless

and yes…

it is the same with your empty words.[32]

如果说第一部分是两个人交替发声、一唱一和，将早期华人经历了长时间跋涉后又被拘禁在天使岛的凄苦移民经历——展现，第二部分则是集体的大合唱："我们进来/我们所有人有名字/不是号码/并且//不……/我们再也不会/去锐蕙草湖//不……/我无法说出放鸭子的池塘/离我后门有多少英尺//不

---

[32] 我们进来/我们所有人有名字/不是号码/并且//不……/我们再也不会/去锐蕙草湖//不……/我无法说出放鸭子的池塘/离我后门有多少英尺//不……/我们永远不会/放弃自己的名字//是的……/这土地是我们的土地/是的……/我们将和所有群落的人/一起分享它//是的……/你所有的枪/都毫无价值//是的……/你空洞的词语也一样。

……/我们永远不会/放弃自己的名字"。在一代代的天使岛移民忍气吞声、咽下所有屈辱之后，华裔族群开始大胆地反抗，拒绝被简单粗暴地编号、拒绝去移民局指定的不毛之地、拒绝回答审核员提出的离谱问题、拒绝放弃自己的名字，他们还义正词严地表明了在美华人族群与美国社会中的任何族群一样共有的权利："是的……/这土地是我们的土地//是的……/我们将和所有群落的人/一起分享它//是的……/你所有的枪/都毫无价值//是的……/你空洞的词语也一样"。

从第二部分的节奏来看，诗人将常见的音步数量、停顿、叠句等节奏操控方法融合为了一体。首先，无论是在诗行层面还是诗节层面，第二部分整体的音步数量都偏少。其次，每个诗节第一行的行末停顿在句尾省略号的辅助下，停顿的效果被进一步放大。而且，除第一诗节之外，第二、第三、第四诗节的首行构成叠句，第五、第六、第七和第八诗节的首行又形成了叠句。在这三种节奏操控方法的共同作用下，第二部分仿佛集体的大合唱，澎湃有力、激动人心，充满了爆发力和激情。

可见，第一部分选用了单数人称和凌乱、错落的段落布局，第二部分则是复数人称和整齐、统一的段落布局，两个部分之间构成了诗篇最大的文断。但随着诗文由第一部分个体的相互倾诉、低声吟唱过渡到多人参与、倾力合作的整体合唱，诗篇的描写对象也由华裔个体的个人经验扩大到华裔群体的反抗精神和平等意愿，华裔的不幸经历及不屈精神这一诗篇的主题思想始终贯穿全诗当中，文断意不断，实现了对第一部分的节奏和主题的双重升华。

小　结

在《英诗格律及自由诗》中，吴翔林曾指出，"和谐（harmony）"指各个诗行、各个诗节所产生的"总的音效效果"。[33]仔细咀嚼华裔美国英语诗歌作品，我们发现华裔诗人们通过控制音步、叠句、停顿、断续等因素的数量及位置，使诗篇获得了非凡的"总的音效效果"。

不仅如此，这种洋溢着音乐感及和谐美的节奏更是与诗篇的内容及主题丝丝契合。绵长、舒缓、轻柔的节奏表现失去家园的苦楚与无奈、面对周遭改变时的彷徨与无助、再建家园的艰辛与痛苦等复杂、微妙的族裔情感；短促、快速、有力的节奏揭露主流社会的强硬、蛮横，烘托遭遇不公时华人心中的愤怒、谴责。音步数量操控方式虽然效果或绵长或短促，但却异曲同工，都体现了音乐性节奏与族裔性内容的完美统一。

作为一种控制诗歌节奏的结构形式，叠句不仅可以使诗歌具有反复吟唱的节奏美，还可以通过突出"关键性"的诗行点明诗篇的主题思想。林玉玲和陈美玲两位诗人利用叠句引导读者在反复回荡的节奏中领会华人移民的艰辛生活和不屈意志，使美国华裔独特的族裔话题得到了一次次的书写和升华。

在停顿这一技巧的使用上，宋凯西通过正常使用停顿和多次、连续使用行内停顿，创造了先缓后急的两个节奏，使得音步的推进、节奏的攀升与对隐形种族歧视的控诉这一诗文内容叠加在一起，达至最后的节奏与内容完美统一的高潮。林永得通过跨行技巧，减少了停顿的出现次数，既使一部分诗文获得最大程度的节奏强化，又使得没有停顿、十一个诗行榫合在一起的节奏能逐步体现少数族裔的困惑和苦恼根源。停顿的巧妙使用使诗篇呈现抑扬顿挫的节奏美，具有常规诗体无法企及的族裔情感抒发力度。

通过两次使用断续这一写作技巧，刘肇基成功地将诗篇一分再分。随着诗文由第一部分个体的相互倾诉、低声吟唱过渡到多人参与、倾力合作的整体合唱，诗篇的描写对象也由华裔个体的个人经验扩大到华裔群体对自身的反抗精神和平等意愿。华裔的不幸经历及不屈精神这一诗篇的主题思想始终贯穿全诗当中，文断意不断，使族裔言说具有跌宕起伏、起承转合的韵律美。

通过控制音步、叠句、停顿、断续等因素的数量及位置，华裔诗人使诗篇的节奏产生了反复吟唱、抑扬顿挫、起承转合、快慢徐急总相宜的"音效效果"，并与诗篇的描写对象及主题思想达成和谐、丝丝契合，成为一首首吟唱族裔情感、讲诉族裔故事的"黄色布鲁斯"。

第三章

书写变异：画面美感与族裔情感的统一

在《英诗学习指南：语言学的分析方法》（A Linguistic Guide to English Poetry,）一书中，英国语言学家利奇（Geoffrey Leech）将英语诗歌的语言变异分为词汇变异（lexical deviation）、语音变异（phonological deviation）、书写变异（graphological deviation）等八种情况。[1]在这八种变异情况中，书写变异是最具视觉效果、体现诗与画的亲缘关系的语言变异。本章将重点分析大写字母逆用、正体和斜体交叉使用、图画元素的加入这三种具有代表性的书写变异，期望从诗与画的跨学科视角，一窥华裔美国英语诗歌的超越传统英语诗歌书写常规的语言变异现象背后的社会价值与美学意义。

第一节　字母大写逆用：英语语法变异下的族裔主题前景化

与作为象形文字（hieroglyphic）代表的汉语不同，英语语言是一种字母文字。[2]它凭借不同数量、不同组合方式的字母排列表达意义。值得注意的一点是，英语的每个字母都有读音、意义相同的两种书写形式——大写字母（majuscule）和小写字母（minuscule）。字母的大小写区分不仅增强了英语语言的表意能力，更在华裔诗人笔下成为离散个体"言志"的一个有效又奇妙的途径。

刘肇基是一位多才多艺的诗人，除写诗之外，他在美国、英国、日本等国家多次举办过画展，具有"画家的眼睛、诗人的听觉，还有在蔬菜水果超市训练出来的感觉"。[3] 在诗歌创作上，他常常利用大小写字母来调控诗篇的的空间布局，借此传达内心相应的情感：

the sale on water chestnuts
——CHINESE NEW YEAR

Not wanting to get hands dirty

the women command me

to dig deeper

into this earth

of muddy curved tubers

miniature tusks that poke out

of a tortoise brown skin

that gleams with

the rub of a thumb

they wantthe crisp jewel

of sweet meat that crunches juice

hidden in shade

still moist with pond water

atthe bottom of this crate

that floated over from China.[4]

英语标题有着比较明确的大小写规则：标题中的实词（名词、动词、代词、形容词、副词等）首字母大写，虚词（介词、冠词、连词、感叹词）首字母小写；标题第一个单词、最后一个单词无论词性首字母均应大写；超过5个字母的虚词（如 without、between、underneath 等）应该大写。根据这些规则，诗篇的标题中"the"虽为冠词，但作为标题的第一个单词应该首字母大

---

〔4〕《菱角促销——中国新年》：不想弄脏手/女人们命令我/向土里/挖得更深/泥泞的弯曲块茎/小小的牙齿出/乌龟褐色的皮肤/因为拇指的揉搓/微微发光//她们想要/从中国漂洋过海而来的/箱子底部隐藏的/因池塘水而依然潮湿的/甜美菱角肉的清脆的珍宝/嘎吱作响的果汁。

写；其余的"sale"、"water"、"chestnuts"、"year"是名词，"Chinese"和"new"是形容词，均属实词范畴，应该首字母大写；唯一需要首字母小写的是冠词"on"，它是虚词且字母数少于5个。据此规则，诗篇的题目应写为：

The Sale on Water Chestnuts
——Chinese New Year

对以英语为母语的华裔诗人来说，标题的大小写基本规则他们自然早已铭熟于心，刘肇基不合语法大小写规则的标题应是他调控诗篇空间布局、传达内心情感的一个有效又奇妙的途径。

选文出自诗集《布鲁斯与青菜：一个农产品工人的日志》，描写的是诗人工作的蔬果超市在菱角促销时华裔女性争相购买的场景。促销抢购本是女性购物时常见的生活场景，菱角也只是普通的草本水生植物的果实，但诗篇中的许多限定性短语赋予了这次促销的菱角以罕见的光环："从中国漂洋过海而来的"、"因为拇指的揉搓/微微发光"、"箱子底部隐藏的"、"因池塘水而依然潮湿的"、"甜美"、"清脆的珍宝"……经过诗人的描绘，原本不起眼的菱角变成了罕见的珍宝，原本平常的挑选菱角行为也成了饶有意味的寻宝活动。这一巨大变化难免使读者心生疑惑，但全诗从开端到末尾始终没有解答，直到读者阅毕全诗思索时，才惊觉诗人早已在标题出给出了答案：

the sale on water chestnuts
——CHINESE NEW YEAR

原本应是首字母大写的主标题全部采用了小写字母，而原本只应首字母大写的副标题居然全部采用了大写字母。在强烈的空间视觉对比下，副标题获得了最大的前景化效果，成为了全诗最受瞩目之处。

随着副标题映入眼帘，读者心中的疑惑也随之而解。"CHINESE NEW YEAR"（春节）简简单单三个单词，没有丝毫修饰，没有半分解说，却将诗篇的主题——"每逢佳节倍思亲"——传达得淋漓尽致。在春节这个华人心目中最重要的节日之际，许多像诗人一般的华族子孙流散在异国他乡，心中不免思念故国及亲朋好友。从中国来的菱角变成了他们与亲朋好友血脉相连的纽带，寄托了身处异域的华族子孙对中国及华族文化的绵绵思念，因此成了他们眼中的至宝。

通过逆用标题的大小写规则，诗人使诗篇的主题思想深深隐藏，正当读者"山穷水尽疑无路"，困惑不已时，却又"柳暗花明又一村"，豁然开朗，体会到诗人的良苦用心。一抑一扬中，诗篇的主题"每逢佳节倍思亲"得到了最大程度的强化。

在诗集《纯黄狂想曲》中，陈美玲将大写逆用与诗行的空间布局技巧相结合，对英语诗歌中曾占据重要地位的十四行诗进行了改写：

       My soul upon a messy Eucalyptus
   a condor's eye view
     （she, too, a dying species）
   …
   no questioning of whose God
      Which dharma? Whose stupa?
   …
     In a faux cherry ossuary
   Me and silence
     and some strange race WRECKED![5]

英语文学史上的传统十四行诗，例如彼得拉克体和莎士比亚体，都有着诗行数、诗节数固定，音步规整，格律整齐优美的特点。[6]陈美玲的这首诗正如诗歌的副标题所暗示的那样，是一首"破碎的十四行诗"（shattered sonnet）：诗句不完整、诗节不明显、诗行排列不整齐、没有固定的音步和韵、缺少标点符号……将传统十四行诗引以为傲的形式美——打破。

这样凌乱的空间布局只为了突出诗篇的主旨："某个奇怪的人种"——"WRECKED"（残破者）。在全诗的开篇，"我"将自身与秃鹰相比，认为自

---

[5] 我的灵魂在肮脏的桉树上/秃鹰的鸟瞰/（她，也是，一个垂死的物种）……不质疑谁的上帝/那个律法？谁的佛塔？……在人造的樱桃骨瓮中/我和寂静/还有某个奇怪的人种残破者！

已像秃鹰一样，也归属于一个"垂死的物种"。"垂死"的原因来自于每天在"谁的上帝/哪个律法？谁的佛塔？"的疑问中不断的徘徊、纠缠，最终导致了"我""在人造的樱桃骨瓮中"的处境，成了"残破的""奇怪人种"。日夜折磨"我"的"上帝"出自基督教，"律法"（dharma）指印度教的法则、教规，"佛塔"（stupa）又译浮屠，是佛教用语。诗人借诗篇中的"我"在"谁的上帝/哪个律法？谁的佛塔？"问题上的疑问，暗示了华裔个体处于基督教所代表的西方文化与印度教、佛教代表的东方文化的夹缝间的艰难处境。

作为华族子孙，华裔对中华文化有着深厚的感情，但随着时代的发展，华裔发现华族文化已经不可避免、无法弥补地离他们越来越远：

> 那一半几乎已消失，
> 　　　　中国的那一半，
> 一个桃子美丽的一面，
> 　　　　被时间之刃变暗，
> 像一轮残忍的太阳逐渐褪去。[7]

对处于异质文化语境中的华裔而言，中华文化和华族属性是华裔身上的"中国的那一半"，它没有主流白人文化那样强势、令人感到压迫，因此是华裔异域生活中"美丽的一面"。但在"时间之刃"的作用下，"美丽的""中国的那一半"也慢慢地黯淡、腐烂、"逐渐褪去"光彩，最后"几乎已消失"了。华裔就像被刀子切去一半的桃子，无时无刻不在经历着身心分裂的切肤之痛。

在身心分裂的巨痛下，"WRECKED"（残破者）这个"奇怪的人种"诞生了：

> 我恨，我爱，我不知道怎样
> 我是两个人种的，我被撕成两半。[8]

在"中国的那一半"和"美国的那一半"的夹缝中，华裔不知该爱哪一半、恨哪一半、归属哪一半、排斥哪一半。他们在两种语言、文化间徘徊，生生被"撕成两半"。"wreck"作名词时多指受到严重损毁的船只、飞机、车辆,也可指身体或精神受到严重损伤的人;作为动词时具有损坏(destroy)、毁灭(ruin)、摧毁(devastate)、砸碎(shatter)、捣烂(smash)、沉没(sink)等意义。陈美玲选择"wreck"为词根,用"WRECKED"(残破者)来形容华裔的身心分裂之痛再恰当不过。

纵观全诗,陈美玲用独特的空间布局展现了一个隐喻。如果说诗节、诗行固定规整,音步、格律整齐优美的传统十四行诗象征身心完好的个体的话,诗节不明显、诗句不完整、诗行排列不整齐、没有固定的音步和格律、缺少标点符号的"破碎的十四行诗"则代表被两种语言、文化和身份认同生生"撕成两半"的华裔。通过凌乱的空间布局,诗人最后导向全部由大写字母组成的"WRECKED"一词,使得"破碎的"诗行布局与饱受身心分裂痛苦的"残破者"主题相结合,实现了形与义的和谐统一。

李立扬是美国华裔文学圈中最负盛名又最畅销的诗人,诗篇质朴灵动,常能用普通的生活场景传达深刻的家庭关爱等主题。当读者为诗人极高的语言驾驭能力折服时,李立扬在接受海恩(William Heyen)和鲁宾(Stan Sanvel Rubin)的采访时却透露:"我有说话的毛病……我出生后的头三年没说一个字。直到我们出逃的那天,逃出海港三英里后,我说出了完整的句子。我说了大概十五分钟,没有停顿,然后完全停下。从那后再也没说过印尼语。"[9]诗人童年的语言障碍并非先天,而是凄苦的离散经历所致。虽然诗人现今具有极高的语言驾驭能力,但幼年经历的流亡岁月和复杂的语言环境始终是他心中难以磨灭的创伤。这种不断学习新语言的经历在名为《移民布鲁斯》("Immigrant Blues")的诗作中也有所反映:

  People have been trying to kill me since I was born,
   a man tells his son, trying to explain
   the wisdom of learning a second tongue.

  It's an old story from the previous century
   about my father and me.

  The same old story from yesterday morning

about me and my son.

It's called "Survival Strategies
and the Melancholy of Racial Assimilation."

It's called "Psychological Paradigms of Displaced Persons,"
called "The Child Who'd Rather Play than Study."[10]

李立扬于1957年出生在印度尼西亚的雅加达（Jakarta）。在他一岁半的时候，父亲被苏加诺政府当作政治犯逮捕。直到诗人三岁时父亲才从监狱逃脱，全家逃往香港。在接下来的五年中，李立扬随父母辗转于香港、澳门、日本等地，直到1964年才在美国定居。引文正是以诗人童年时期在汉语、印尼语、粤语、葡语、日语等复杂的语言环境中颠沛流离的逃亡生活经历为蓝本，勾勒了一位父亲向儿子解说"学习第二门语言的智慧"的场景：为了在每一个新的流亡地存活，学习新的语言是一种"生存策略"；不得已放弃自身原有的母语，就不免产生被"种族同化的悲哀"；新语言和原有母语给个体文化归属带来的矛盾和挣扎则反映了离散个体的普遍心理状态，是"错位人的心理范例"。

但遗憾地，所有的策略也是徒劳，所有的悲哀也只能白白忍受。诗人随即指出了"父亲"的结局："任凭使用各种语言／未被赦免一物"。"儿子"的经历也大致类似：

Am I inside you?
…
Am I inside you?
…
It's an ancient story from yesterday evening

---

[10] 自从我出生人们就一直努力杀掉我，／一个男人告诉他的儿子，试着解释／学习第二门语言的智慧。//……它叫做"生存策略/和种族同化的悲哀。"//它叫做"错位人的心理范例，"//叫做"宁愿玩而非学的孩子。"

called "Patterns of Love in Peoples of Diaspora,"

called "Loss of the Homeplace
and the Defilement of the Beloved,"

called "I Want to Sing but I Don't Know Any Songs."[11]

诗篇后部分的主要人物从父子转为夫妻，重点刻画了成年后的"儿子"与妻子的感情生活细节——不停地询问妻子："我在你心里吗？""我在你身体里吗？"在看到父亲悲惨的结局后，在经历了因发音不准确被白人老师公开责打、被白人同学当众嘲笑等种种事件后，"儿子"一遍又一遍不自信的追问反映了他"心灵的迷惘"。"家园的缺失"、语言的改变导致了"我想歌唱但我不知道任何歌曲"的失语。新家园与新语言催生的不自信也最终引发了对"挚爱的亵渎"，成为离散个体始终无法摆脱的"爱的模式"。

李立扬能成为最畅销的美国华裔英语诗人，诗篇质朴灵动，感情真挚等原因固然必不可少，但真正为他赢得广大普通读者的则是其传统的诗歌书写形式。他的诗篇通常句子结构完整、诗行规整、语言符合语法规范，这更使得他诗篇中的大写字母逆用情况值得注意。《移民布鲁斯》的结构如下：

1、2、3：父亲
↓
四、五、六：父亲
↓
7、8、9：父亲过渡到儿子
↓
10、11、12、13：儿子
↓
十四、十五、十六：儿子

---

[11] 我在你心里吗？……我在你身体里吗？……它是昨天傍晚的古来故事//叫做"离散民族之爱的模式，"//叫做"家园的缺失/和挚爱的亵渎，"//叫做"我想歌唱但我不知道任何歌曲。"

第三章　书写变异：画面美感与族裔情感的统一

注：阿拉伯数字代表正常书写段落，大写数字代表英语大写逆用段落。

全诗共 16 个诗节，前八个诗节以父亲为主，后八个诗节以儿子为主，两个部分均有三诗节的大写逆用情况。正常书写与大写逆用的交错与延续使得诗篇能自然、顺畅地从父亲部分过渡到儿子部分，形成两部分的有机结合。这样一来，离散个体不断流亡、不断学习新语言的经历就演化成了"我和父亲/上个世纪中的老故事。//我和儿子/昨天早上同样的老故事"，这一父子间代代相传的故事使得原本普通的离散个体经历具有了离散族群整体的历史经验的象征意义。另外，大写字母部分原有的前景化效果并未因正常书写与大写字母逆用的交错出现而减弱，反而在单成一节的空间结构和大量使用的引号两者的衬托下增强，宛如画龙点睛的主题句，将离散个体在异质语境中的生存经历一一概括。

在上述例子中，诗人或是将单词、短语等小部分全体字母大写，或是将一部分篇幅的首字母大写，《我们现在住的地方》一诗则更进一步，相当长篇幅的诗作部分"全部字母大写"（All Caps）：

> my skinhead neighbor says
> that he believes in segregation,
> in racial purity, *HITLER ELIMINATED THE JEWS*
> *FOR REASONS OF OVERPOPULATION—IT WAS*
> *BEOFRE THE PILL, HA – HA…IN* 1955,
> *WEBSTER's NEW WORLD OF DICTIONARY CITES* "*A RACIST*"
> *AS* "*ONE WHO IS PROUD OF ONE's RACE.*"
> The devil is bronze and he, too, is the flesh of God. [12]

诗篇的题目"我们现在住的地方"是理解本诗及解读大写逆用的关键。"我"移居到了拉荷亚（La Jolla）海滩，这是加利福尼亚州圣地亚哥市著名的

---

[12] 我平头的邻居说/他赞成隔离，/赞成种族纯净，希特勒根除犹太人/是因为人口过剩——那是在/口服避孕药诞生之前，哈哈……在 1955 年，/韦氏新世界字典引证"一位种族主义者"/为"自豪于一个种族的人。"魔鬼是深红棕色的而且他，同样，是上帝的血肉。

观光景点，也是富有白人聚居的街区。在引文中，白人邻居针对搬到富人聚居区的"我"发表了关于种族的长篇大论："赞成隔离，/赞成种族纯净，希特勒根除犹太人/是因为人口过剩——那是在/口服避孕药诞生之前，哈哈……在1955年，/韦氏新世界字典引证'一位种族主义者'/为"自豪于一个种族的人"。

白人邻居的"隔离"、"种族纯净"等言论是美国社会现状的真实反映。美国一直宣扬自身是一个民主平等的国家，但现实情况就如人们调侃的那样：在美国人人生来平等，但一些人比另一些人更平等。主流社会成员为了维护自身的统治中心地位，从种族血统上采取白种人/有色人种的等级划分，信奉"白人至上"理念或"白人优越论"。这种种族主义思想投射在社会空间规划上，便形成了具有明显的阶级性和种族色彩的空间结构：市区的商业中心和高档住宅区通常被白人精英阶层所占据；安逸、舒适的郊区居住着占主流人口大部分的白人中产阶级；市区中治安、环境较差的区域，例如著名的纽约市布鲁克林区，则是少数族裔等中低层收入居民仅有的栖息地。

文化地理学学者克朗认为："文化常常带有政治性和竞争性……不同的文化再现自我，其最常见的方式之一就是活动区域的隔离。"[13] 在美国社会中，白人群体占据了主流地位，他们通过规划城市生活空间，实现了白人主流群体与少数族裔等弱势群体生活区域的"隔离"，并借助于彼此生活"区域的隔离"昭示、规范、固定自身在美国社会中的主流地位和包括华裔在内的少数族裔弱势、异质的社会位置。面对白人邻居的"隔离"、"纯净"等种族主义言论，面对主流社会的层层种族空间隔离，"我"毫不畏惧，用精妙的比喻表达了掌控自身生活空间的诉求和信心：

> 本地的植物群被外来的幼苗入侵；
> 仙人掌和帝王樱桃混合，和
> 树林中的野花混合，和
> "家庭库房"廉价的赤脚玫瑰混合。
>
> 一个中国佬搬进了与他们相邻的地区
> 而他们对此无能为力。[14]

诗人将拉荷亚街区原有的白人居民比喻成"本地的植物群",将"我"比喻为"外来的幼苗",暗示随着越来越多的少数族裔搬入白人聚居区,原本单一的本地植被将成为"仙人掌""帝王樱桃""野花""玫瑰"等多种植物的混合。作为"中国佬"的"我"通过搬进"与他们相邻的地区",用实际行动重新掌握了对自身生活空间和社会等级的操控权力。

《我们现在住的地方》从简单的生活场景入手,反映了种族主义、社会空间结构等深层问题。诗人借白人邻居之口,将主流白人的种族歧视和主流群体操控社会结构等行径一一揭露了出来。而且,诗人有意颠覆英语字母的大小写书写规则,将本应是全部小写的白人邻居言论部分全部字母大写,产生了巨大的视觉冲击力和前景化效果,最大程度地放大了诗篇意欲反映的种族主义依旧存在这一残酷社会现实的揭露力度和抨击意义。

无论是将单词、短语等小部分全体字母大写,还是将一部分篇幅的首字母大写,上面四个例证充分说明,大写字母的逆用不仅能增强诗篇的表意能力,更是华裔诗人"言志"的一个有效又奇妙的途径。

刘肇基将本应首字母大写的主标题全部小写,本应首字母大写的副标题全部大写,使副标题获得了最大的前景化效果,成为了全诗最受瞩目之处。一抑一扬中,诗篇的主题"每逢佳节倍思亲"得到了最大程度的强化。在《纯黄狂想曲》中,陈美玲用诗节不明显、诗句不完整、诗行排列不整齐、没有固定的音步和格律、缺少标点符号等独特的空间布局比喻被两种语言、文化和身份认同生生"撕成两半"的华裔。"破碎的"诗行布局与饱受身心分裂痛苦的"残破者"主题相结合,实现了形与义的和谐统一。李立扬采用了正常书写与大写逆用交错出现的方式,使得诗篇既自然、顺畅地实现上下文的有机结合,又突出了大写字母部分的前景化效果,同时配合一行单成一节的空间结构和大量使用的引号,使得大写逆用部分成为诗篇画龙点睛的主题句。《我们现在住的地方》有意将本应是全部小写的白人邻居言论部分全部字母大写,产生了巨大的视觉效应,最大程度地放大了诗篇意欲反映的种族主义依旧存在这一残酷社会现实的揭露力度和抨击意义。

在一次访谈中,李立扬曾回忆自己学会的第一句英语是"shut up"(闭嘴),"我记得听到许多'种族蔑称'(ethnic slurs)。当然,我不明白什么意思,但当我一点点懂英语后,我知道它们都是种族蔑称"。[15]正像许多华裔美国英语诗歌的题目——《殖民语言是英语》、《英语中的中国人》——所暗示的那样,美国华裔生活在充满"黑鬼(Negro)"、"中国佬(Chink)"等种族蔑称的异质语境之中。这是一个由英语语言搭建而成、体现了主流白人群体的种族主义意识形态、用以保障霸权群体权力的语境。为了突破这一霸权语境,华裔诗人一改以往被动地遵守各种英语语言法则的做法,在诗歌写作中大胆地逆用字母大写,颠覆传统的英语语言书写规则,言说了华裔少数族裔独具特色的离散心声。

第二节 正体与斜体并用:字体规则变异下的族裔人物素描

华裔美国英语诗歌中另一种常见的书写变异是采用"斜体"(Italic style,又称意大利体)。斜体指在正常字体样式(stylized form)的基础上形成的一种倾斜的字体样式(cursive typeface)。[16]英语文学作品通常采用的都是正常的字体样式,斜体字体并不多见。但在华裔美国英语诗歌中,我们却能发现许多正常字体与斜体字体并用的诗作,斜体字体已经成为华裔诗人惯用的族裔经验表征手法。

一、《野蛮人要来了》:正体前景与斜体背景

在广受赞誉的诗集《凤去台空》中,陈美玲致力于揭露美国社会中亚裔的种族刻板化形象及其社会地位的长期边缘化。[17]短诗《野蛮人要来了》即是一例:

THE BARBARIANS ARE COMING

War chariots thunder, horses neigh, *the barbarians are coming*.

What we are waiting for, young nubile women pointing at the wall, *the barbarians are coming*.

They have heard about a weakened link in the wall. So, *the barbarians have ears among us*.

So deceive yourself with illusions: you are only one woman, holding one broken brick in the wall.

So deceive yourself with illusions: as if you matter, that brick and that wall.

The barbarians are coming: they have red beards or beardless with a top knot.

The barbarians are coming: they are your fathers, brothers, teachers, lovers; and they are clearly an other.

The barbarians are coming:

If you call me a horse, I must be a horse.

If you call me a bison, I am equally guilty.

When a thing is true and is correctly described, one doubles the blame by not admitting it: so Zhuangzi, himself, was a barbarian king!

Horse, horse, bison, bison, *the barbarians are coming—*

and how they love to come.

The smells of the great frontier exult in them. [18]

  "野蛮人"是诗篇中出现频率最高的词，总计高达九次。在人们的印象中，"野蛮人"的"战车轰隆，马匹嘶鸣"，习惯性的入侵证明他们属于一个不友好的民族。他们形象怪异，"长着红胡子或者头上打结"。不论野蛮人如何伪装、与你关系如何，他们"明显是一个他者"。

  诗篇中的"野蛮人"形象反映了留存已久的华裔刻板化印象。野蛮华人的形象最早可以追溯到公元13世纪的蒙古西征。从1219年至1260年，蒙古先后发动了三次针对欧亚大陆的大规模战争。尤其是成吉思汗的孙子拔都所率领的第二次西征，以较少的兵力成功战败了俄罗斯、匈牙利、波兰等地区，占领了欧洲近三分之一的领土。自此，被蒙古人战败的恐惧一直笼罩着欧洲，黄色皮肤的蒙古人也成了野蛮、凶残、粗鲁的代名词。到了19世纪末，由于中

---

[18] 战车轰隆，马匹嘶鸣，野蛮人要来了。/我们在等什么，适婚的年轻女人们指着墙，野蛮人要来了。/他们听说了墙中虚弱的一环。所以，野蛮人在我们中有耳目。/所以用幻觉欺骗自己，你只是一个女人，在墙中握着一块破碎的砖。/所以用幻觉欺骗自己：仿佛你在乎，那块砖和那堵墙。/野蛮人要来了：他们长着红胡子或者头上打结/野蛮人要来了：他们是你的父亲们、兄弟们、老师们、爱人们；而且他们明显是一个他者。/野蛮人要来了：如果你说我是一匹马，我一定是一匹马。/如果你说我是一头野牛，我同样有罪。//当一件事是真的并被正确描述时，一个人不承认它/即会被双倍指责：那么，庄子，他自己，是野蛮人之王！/马、马，野牛、野牛，野蛮人要来了——/他们多么爱来啊。/伟大边境的气味在他们身上欢欣。

国国内的天灾人祸,大批华人劳工转向西方国家(尤其是美国)谋求生计,越来越多的黄色面孔以及美国国内越来越少的工作再次唤醒了蒙古西征在白人群体心中存留的恐惧,"黄祸"(the Yellow Peril)一词随即产生。1895年9月,德国皇帝威廉二世(Kaiser Wilhelm II)创作了名为《黄祸》(德语:gelbe Gefahr)的图画,画中象征日耳曼民族的大天使米迦勒向象征欧洲各国的人群指出天空中的佛像,告诫亚洲正向欧洲逼近(见图3-1)。从此,"黄祸"成为政府煽动民众相信亚洲(尤其是中国)的大量移民的入侵会威胁白人生活的比喻。在"黄祸"思想的影响下,华人逐渐被刻板化为"粗野的群体和阴险的恶棍"(brute hordes and sinister villains)。[19] 他们像蝗虫一样,数量巨大、繁殖能力强、野蛮和贪婪,会带给白人群体巨大的危害;甚至在种族时代已成过去的今天,美国主流媒体对华人的报道也多以负面为主:2000—2003年间,《纽约时报》(New York Times)关于美国华裔的报道负面评价比例为55.6%,无正面评价;《时代》周刊(Time)对华裔的负面否定与正面肯定的对比是25:0。[20]

图3-1 《黄祸》图

霍米·巴巴(Homi K. Bhabha,1949—)在《他者的问题:刻板印象和殖民话语》一文中曾指出,尽管殖民体系在权力的实践中发挥关键的作用,但殖民话语更重要,它将被殖民者塑造为一种固定的同时又是完全可视可感的"他者"。[21] 正像上段引文所比喻的那样:"如果你说我是一匹马,我一定是一匹马。/如果你说我是一头野牛,我同样有罪。//当一件事是真的并被正确描述时,一个人不承认它/即会被双倍指责。"在美国主流霸权话语的作用下,华人被塑造成了"可视可感的'他者'",华人是"马"、是"野牛"、是数量多、繁殖能力强、落后又贪婪的"野蛮人"。这一刻板化形象再经过新闻、文学作品和影视媒体等大众媒介的霸权话语的操控而进一步固定化、本质化。最后产生这一后果：民众相信华人"真的"是野蛮人，大众媒介只是"正确描述"了这一"客观事实"，任何质疑这一种族定性的个体或群体都会遭受"双倍指责"。

赵建秀曾经说过："在我能谈论我们的文学之前，我得理解我们的感性。在我能解释我们的感性之前，我得让他们熟悉我们的历史。在我能让他们熟悉我们的历史之前，我得打消他们系统中所怀有的刻板形象，这些刻板形象就像对于黄种人真相的抗体。"[22]主流社会操控下的华人的种族定型无疑是华裔建构身份属性过程中的一大障碍，致使许多华裔作家，如赵健秀、黄哲伦、汤亭亭、谭恩美等，纷纷力求颠覆主流社会的东方主义叙述，解构华人的刻板化形象。

在《野蛮人要来了》一诗中，陈美玲选用了书写变异作为解构和颠覆华人刻板化形象的方法。英语中的斜体多用于书籍等出版物的名称、例示、被解释强调的词语、剧本舞台提示、象声词、未归化的外来词语等情况中。在诗文中，"野蛮人要来了"一句反复出现，高达七次（计标题）。而且与诗文主体不同的是，"野蛮人要来了"并没有遵守传统的英文排印规则，使用正常字体样式，而是全句七次均采用了斜体。这样在视觉效果上，正常字体样式排印的诗文主体部分好似绘画作品中的前景，斜体样式排印的重复句则成了衬托的背景。当前景描绘野蛮人"听说了墙中虚弱的一环"，他们的"战车轰隆，马匹嘶鸣"，"明显是一个他者"等一幅幅画面时，不断重复的背景"野蛮人要来了"更是增加了诗篇的紧张气氛，野蛮人的可怕形象跃然纸上。

可见，陈美玲非但没有像以往华裔作家那样颠覆与解构华裔刻板化形象，反而刻意烘托野蛮人的华裔刻板化形象，甚至高呼"庄子，他自己，是野蛮人之王！"，用斜体重复句烘托正常字体主体诗文的方式表达了华裔个体的自嘲（self-mockery）与戏仿（mimicry），另避蹊径地揭露了美国霸权话语所建构的华人刻板化形象。

二、《询问》：正体与斜体的连环画

与陈美玲所选用的重复斜体句背景化策略相比，李立扬使用了更多篇幅的斜体，使得正体与斜体的篇幅与不同人物结合，形成了别致的连环画结构：

Which house did we flee by night? Which house did we flee by day?

Don't ask me.
We stood and watched one burn; from one we ran away.

I'm neatly folding
the nights and days, notes
to be forgotten.

We were diminished. We were not spared. There was no pity.
Neither was their sanctuary. Neither rest.
There were fires in the streets. We stood among men, at the level
of their hands, all those wrists, dead or soon to die.

No more
letting my survival
depend on memory.
...
Through it all there was no song, and weeping
came many years later.

I'm through
with memory.

Sometimes a song,
even when there was weeping.

I'm through with memory.[23]

诗作名为《询问》("The Interrogation"),问的一方是"我的家人",使用斜体排印;回答的一方是"我",采用正常字体形式。在"家人"与"我"的一问一答之间,整个故事情节逐渐展现。

诗作中的故事情节基于诗人的童年经历,取自父亲越狱、全家逃离印尼的时间段。在那段"永不能逃脱"的岁月中,"我"的生活的"每一幕以母亲/阅读使她哭泣的信开始。/每一幕以父亲落入/法老之手结束"。[24]在那段"永不能逃脱"的岁月中,"我"亲眼目睹"手枪托将父亲的唾液变成了鲜血",士兵询问父亲"什么颜色适合,教授,你想/埋葬时穿?褐色还是蓝色?"[25]在那段"永不能逃脱"的岁月中,"我"的一家只能眼睁睁地看着自己的房子被烧毁,周围的人一个又一个"死去或即将死去",尸体将河流堵塞。在那段"永不能逃脱"的岁月中,"我"的家人"被削弱。我们未被赦免。没有同情。/也没有他们的庇护。也没有休息"。那段经历留给诗人的印象是如此之深,致使他成年后还清楚地保留着逃离当晚的记忆:

> 穿靴的人将我们驱赶
> 至大海。
> 波浪卷动,船只
> 和尸体漂远、更远。
> ……
> 那是一个热带的夜晚。
> 那是半年艰辛和致命的记忆。[26]

美国学者沃尔特·海斯福德(Walter Hesford)曾指出,李立扬的诗歌经常出现的一个主题就是描绘"作为难民的创伤经历"(traumatic experience as a

---

[23] 在夜晚我们逃离了哪间房子?在白天我们逃离了哪间房子?/别问我。//我们站着观看一间燃烧;从一间我们逃跑。/我正在整齐地折叠/夜晚和白天,要遗忘/的便签。//我们被削弱。我们未被赦免。没有同情。/也没有他们的庇护。也没有休息。/街道上有火。我们站在人群中,在他们手/的高度,死去或即将死去的所有那些手腕。//别再/让我的生存/依赖于记忆。//……全程没有歌声,而哭泣声/在许多年后降临。//我终止了/记忆。//有时一首歌,/甚至在哭泣的时刻。/我终止了/记忆。

refugee)。[27]"创伤"（trauma）一词最初来源于希腊语的"损伤"，原意为"伤"（wound）。[28]弗洛伊德（Sigmund Freud，1856—1939）在《超越快乐原则》（*Beyond the Pleasure Principle*，1920）一书中将"创伤"引入了精神分析领域，他认为人在"机械性的严重震荡、火车相撞和其他危及生命的事故"之后，就会产生一种"创伤性神经症"（traumatic neurosis）。[29]

在创伤的反应问题上，美国当代心理创伤学者罗森布鲁姆（Dena Rosenbloom）、威廉斯（Mary Beth Williams）和沃特金斯卡（Barbara E. Watkins）都认为，"每个人都以独特的方式对创伤作出反应，这取决于创伤的细节，以及这个人独特的自我和经历。"[30]诚然，因为创伤的情境和具体细节不同，且每个当事人的个性和经历不同，创伤对当事人有不同的程度和形式的影响，当事人对创伤也没有固定的应对模式。但作为一位诗人，李立扬心思敏感、细腻，感受力异于常人，对外界事件的反应和内心的创伤感受也通常更为强烈，诗人的天性使诗歌创作不可避免地成为他反映创伤、处理创伤的方式。

首先，在对创伤的反映上，李立扬用斜体排印表征提问的一方，用正常字体代表回答的一方，在"家人"与"我"一问一答的连环图片间展示内心的创伤。面对家人们"在夜晚我们逃离了哪间房子？在白天我们逃离了哪间房子？""当父亲疲惫时谁划的船？""谁来了？谁被落下？"等询问，"我"的回答通常较为简短，更有"别问我"、"我终止了记忆"等类似回答多次出现。对"我"而言，那段创伤经历是如此的"无法摆脱"和"致命"，导致"我"多年后依旧采取排斥与逃避的态度。这从侧面形象地反映了李立扬早年所遭受的创伤之深。

其次，对创伤的反映同时也是处理创伤的一种方式。英国学者赫伯特（Claudia Herbert）和韦特莫尔（Ann Wetmore）在《抚平创伤》（*Overcoming Traumatic Stress*）一书中曾指出，创伤经历的处理方法之一就是书写一份"创伤的描绘"，"使得他人得以见证和理解你所经历的恐怖体验"。[31]在正体与斜体所构成的一问一答的连环画中，李立扬用文学语言再现、再造了业已消失、湮灭的创伤场景，这其实是对创伤经历的再思考过程。在再思考过程中，诗人超越了身心双重创伤经历的最初感受，获得了更深层的体认。而且，通过正体与斜体的一问一答的连环画勾勒，"我"与家人获得了交流，将积蓄许久的苦闷与伤痛一吐为快，获得对创伤重负的宣泄，进而起到了疗伤的效果。

第三章 书写变异：画面美感与族裔情感的统一

如今，虽然童年的这段经历已经过去，外在的创伤已经结束，但是个体因为心理创伤而导致的心理后遗症却继续存在并不断影响其内在世界。李立扬一直深受失眠症的困扰，希望通过这种独特的创伤书写，他能够实现"精神上的自我治疗或驱魔"（spiritual self–therapy or exorcism）。[32]

三、《石中涌出的水》：正体与斜体的蒙太奇

刘肇基是一位多才多艺、具有极高的语言操控能力和写作技巧的诗人。他的《石中涌出的水》可以说是文学性与族裔情感完美结合的一个范例：

(*from governor warren's report*
  november 25th 1885
  u. s. documents, serial #2379)

scores of bodies lined the plains

our blood washed in water licks dust flecked with gold

exhumed from ashes

our bones snap back a rhythm clacked in the spokes of wheels

earth caving in houses

our sweet waters weeds the color of rust in moonlight

the cries and steam of families roasted and buried alive

our screams define the ritual of storm

not a living chinaman—man, woman, or child—was left in the town, where 700 to 900 had lived the day before.[33]

  诗作的题目"Water that Springs from a Rock"一语双关。首先，题目很容易让人联想到美国怀俄明州的"Rock Springs"（石泉市），那里曾发生了美国历史上最严重的华人屠杀事件，巧妙地暗示了诗篇的内容和题材。其次，除了"泉"外，单词"spring"还有"涌出"等多重意义，这一意义更隐喻出了华人被杀时鲜血喷涌的惨状。

  自独立战争胜利后，美国经济发展迅速。1848年，美国兼并了包括得克萨斯在内的大片土地。除了这广阔又荒芜的土地需要开垦之外，旧金山金矿的开采工作和贯通南北的铁路的修建工作都需要大批劳动力。但由于19世纪60年代南北战争的爆发，奴隶的解放使得美国国内的廉价劳动力短缺，许多美国人开始到中国广东一带的沿海地区招募华工。[34]这些来到异国他乡的早期华人的工作既辛苦又危险：

> 在雪下挖隧道
> 放下吊篮
> 我们在大理石峭壁上凿洞
> 设置炸药
> 在陡峭的岩石中撕扯出一条路
> 许多朋友死于
> 过早引爆的导火线
> 或者被炸出的异常有力的石块
> 当他们掉向身下的山谷时
> 叫喊声能传播数里
> 我们不时做着同样的噩梦
> 他们的哭喊声在我们睡梦中共鸣

---

[33] 许多尸体标划出旷野//我们的鲜血冲在水中 舔着金斑的尘土//从灰烬中挖出//我们的骨骼在车轮辐条中噼啪作响//房屋塌陷到土地中//我们汗水浇灌的杂草在月光中呈铁锈色//一家家的哭喊和水汽被烘烤 被活埋//我们的尖叫界定暴风雨的仪式//城中没有留下——男人、女人或者孩子——一个活着的中国佬，前天还居住有700到900人。

让我们不得休息

秃鹰和鹰跟着我们一路到了犹他州

直到铁轨铺完[35]

早期华工不仅要在恶劣的气候条件下挖隧道、铺设轨道，更要冒着生命危险进入没有任何安全保障设置的吊篮，去悬崖峭壁上放置炸药。许多华人因为绳索断裂、炸药爆炸过早或被爆炸时飞溅的石块砸中而丧生，落入身后的山谷，尸骨无存。

"飞鸟尽，良弓藏；狡兔尽，走狗烹。"在铁路竣工和金矿淘尽之后，美国劳工市场对廉价劳动力的需求大大降低。加之19世纪70年代初经济危机爆发，失业率大增。为了转移民众的注意力，美国政府将华人劳工作为其"劳资矛盾的牺牲品"，使华人成为了大众"敌视、排斥与暴力袭击的对象"。[36] "石泉城大屠杀"（Rock Springs Massacre）即是这样的一个例子。1885年9月2日，在联盟太平洋铁路（Union Pacific Railroad）旁的煤矿中心，几名中国劳工与白人自发组织的决心驱逐全部华人劳工的治安团体理论时受伤。事件发生后，石泉城的"白人城"（Whitemen's Town）召开反华集会，拉开了大规模屠杀华人的惨剧的序幕。在短短几天内，至少28名华工被野蛮谋杀，侥幸存活的华工也多身受重伤。[37]

本部分的英文引文即是对暴乱后惨状的描写，由两个层面的图景拼接、剪辑而成。第一层面是诗人对"美国政府第2379号文件"（u.s. documents, serial #2379）的摘录，采用了斜体字体形式排印。诗人选用了"华伦州长"对"石泉城大屠杀"所作的报告公文的视角描述惨剧："许多尸体标划出旷野……从灰烬中挖出……房屋塌陷到土地中……一家家的哭喊和水汽被烘烤 被活埋……城中没有留下——男人、女人或者孩子——一个活着的中国佬，/前天还居住有700到900人……死亡的臭气沿着铁路向东向西"。第二层面采用了正常字体，模仿的是受害华工群体的语气："我们的鲜血冲在水中 舔着金斑的尘土……我们的骨骼在车轮辐条中噼啪作响……我们汗水浇灌的杂草在月光中呈铁锈色……我们的尖叫界定暴风雨的仪式……我们的骷髅永远埋藏成为圣坛，被杂草野花阻塞的圣地"。

一方面是受害者群体用血淋淋经历作出的控诉，另一方面是政府人员考察得出的正式官方文件，正体和斜体两个层面同时进行，彼此之间内容相关却又视角不同，构成了各自独立却又和谐统一的蒙太奇图片，从多个角度写出了曾经"哭喊着的伤口的故事"（the story of a wound that cries out），起到了"证词"（testimony）和"见证"（witnessing）的效果，将早期华工未说出、无法说出甚或不能说出的尘封经历钩沉了出来。[38]

从19世纪中叶开始，华人移民在美国已经走过了一个半世纪，他们既要面对陈美玲所描写的"野蛮人"等负面刻板化华人形象，又要摆脱李立扬刻画的"无法摆脱的"、"致命的"创伤移民经历，更要在刘肇基再现的华人大屠杀等反华势力中坚强地生存，经历了各种各样的创伤。正如法辛（Didier Fassin）和瑞彻特曼（Richard Rechtman）在《创伤的帝国》（*The Empire of Trauma*，2009）中所指出的那样，创伤不只是受害者一段残酷经历的产物，是他们无法忍受经历的后果，它更是经受了残酷遭遇的人们的证据，见证了他们在受到"非人威胁的极端情况下"的坚持不懈。[39]无论经历了多少困难，在美华人始终坚强地生存下来：

> 适应性强
> 我们在风中生长繁茂
> 畸形的荚果、孢子、花粉
> 在空中生根的生物[40]

从原本熟悉的生存空间和文化语境中被抽离出来的华人仿佛"畸形的荚果、孢子、花粉"，为了生存，只能无限放大自身的生存"适应性"，"在风中生长繁茂"、"在空中生根"，用实际行动诠释了中华民族最为宝贵的坚持不懈精神。

第三节　图画的加入：排印规则变异下的族裔图志

诗歌是语言和文字的艺术，图画则是线条与造型的艺术。虽然两者分属不同的文艺领域，它们的相遇也会迸发出别样的艺术效果。本节将从华裔美国英语诗歌中的图形诗与插图两方面入手,剖析带有画面元素的书写变异所具有的审美效果与诗学意义。

一、图形诗:诗图合一的族裔经历画卷

英语诗歌中与绘画结合最紧密的应属"图形诗"(shape poetry/concrete poetry),即借用文字构成图形来模拟或加强内容的诗歌。[41]图形诗的源头可回溯至公元前2世纪的希腊的"图案诗"(pattern poetry)——通常呈现翅膀、圣坛等形状,用作宗教艺术品装饰的诗歌。20世纪中叶,受达达主义(Dadaism)、超现实主义(Surrealism)以及排印技术发展等多方面的影响,图形诗得到前所未有的发展,在卡明斯(E. E. Cummings,1894—1962)、庞德(Ezra Pound,1885—1958)等诗人笔下,一系列图形诗佳作诞生。[42]图形诗不只是一种诗歌形式和诗歌体裁,更反映了一种语言哲学态度。在图形诗中,词语及其排印不再是意义的透明载体,而被赋予了生命和个性,成为诗歌意义的一部分。

华裔美国英语诗歌中最著名的图形诗代表当推陈美玲《纯黄狂想曲》中的《鼎》("Cauldron"),该诗充分体现了诗人在写作技巧和语言运用能力上的创新和提升:

    those painful lotuses could not dater her.
     As the warlord's bamboo whip flailed
      over the unyielding sky,
     and the Japanese bayonets flash
     against the ancient banyan,
   all history would step aside, grant her passages.
        …
   Footsteps so light, the fallow deer can't hear her.
   Heart so heavy, the village women would sink s stone
    in her name each time they crossed the shoals.
     The soothsayer in the watchtower espies her.

> O destiny – in – a – whirlwind, serpent – in – the – grass,
> 　　she inches toward her ailing half brother.
> 　　Dragging feudalism's gangrene legs;
> 　　　their kind is wan and dying.
> 　　The child on his back, limp with exhaustion,
> 　　answers to my grandmother's call.[43]

　　在诗集结尾的注释部分中，陈美玲指出《鼎》一诗被形塑为一个垒一个的三足仪式铜鼎。最后全诗的图形应该像一个巨大、抽象的鼎。[44]鼎在中国历史上有着重要的历史和文化意义。早在7000多年前，作为烹饪器具的陶鼎就已诞生。后来，由于鼎常用于烹制祭祀神与祖先的牺牲，加之夏禹铸九鼎象征九州传说赋予的神秘色彩，鼎逐渐摆脱了日常炊具的角色，摇身一变为重大仪式的礼器。

　　从诗篇的内容来看，主线情节为一位母亲从吸食鸦片的兄弟手中救回即将被贩卖的年幼女儿的经过。随着母亲的一步步追踪，中国历史与文化的一个个片段也随之展开。诗篇的第一页展示了美好的古代岁月："男人们——彬彬有礼又雄浑有力/在锻造的铠甲后。/女人们……梳着柔软的云鬓。/鼎很重——/我们的骨头将给浓汤调味，/我们的手腕将传播它的标记。/随着王国的传奇继续颤抖说出，/家族的和个人的，/洛阳伟大的全景"。[45]在第二页，诗人笔锋一转，那段铠甲铮铮、云鬓轻柔的"永恒夏日"染上了"被战争践踏的朱红色光辉"："我舅公在那里/为了一截鸦片/策划卖掉我母亲。/我外祖母在那里/在他身后追……那双疼痛的莲花不会阻止她。/随着军阀竹鞭/抽过不屈服的天空，/还有日军的刺刀闪过/古老的榕树，/所有的历史将会让路，允许她通过。"虽然诗人没有正面描述中国近现代史，但"鸦片"、"军阀竹鞭"、"日军的刺刀"等字眼也已将鸦片战争、军阀混战、日军侵华等中国近现代的血泪事件展露无余。

---

〔43〕　那双疼痛的莲花不会阻止她。/随着军阀竹鞭/抽过不屈服的天空，/还有日军的刺刀闪过/古老的榕树，/所有的历史将会让路，允许她通过。……她脚步如此轻，休闲的鹿无法听到。/心如此沉重，村妇们可以以她的名义沉下一块石头/每当她们走过浅滩。/瞭望塔中的占卜者看到她。/哦 漩涡中的命运，草中的蛇，/她一寸寸走进境况不佳的一半血缘兄弟。/拖着封建主义坏疽的腿；/他们这类人正虚弱和消亡。/孩子在他背上，精疲力竭而没有生气，/回应着外祖母的召唤。

• 第三章 书写变异：画面美感与族裔情感的统一 •

一方面是图形上一个垒一个的三足仪式铜鼎组成的一个巨大、抽象的鼎，另一方面是内容上一个个历史片段拼接成的如鼎般厚重的华族历史画卷，"鼎"这一图形不仅模拟了诗歌的内容，更是诗歌意义的一部分。一个个视觉外观仿似铜鼎的诗篇段落对应中华历史与文化的一个个片段，随着救女情节的演进，一个巨大、抽象的鼎形塑在读者眼前，与鼎一样沉雄厚实、充满神秘色彩的中华文化与历史画卷也浮出水面。《鼎》一诗体现了华裔诗人的族裔情感经由视觉表达的极致。

二、插图：图文并茂的族裔言说图谱

除了将诗行的布局结构形塑为各种图形，有些华裔诗人甚至在诗篇中直接使用插图，使视觉表现效果更为直观：

I see a horse
   run across
     a bar of
       my prison

   The horse evolves
   as I evolve

But I can see it
   no more.

A car runs
   across my eyes
…
But the horse wants
to race &
wants to be a superhorse

competing in the computer world.

Darwin, you may be right.
Fitness is a matter of
surviving.

The horse rides
on a flying carpet.

It can't bear two knowledges:
intuitive & descriptive.
The former is mercury.
Today　　　speed is
as important as simplicity.[46]

在以上部分引文中，"马"字的象形体、繁体和简体依次出现。在"马"字的象形体部分，梁浩瀚（Ho Hon Leung）写道："我看见一匹马/跑过/我牢狱的/栅栏"。象形文字（hieroglyphic）是世界上最早产生的文字种类，它利用与所指（signified）的外形特征相似或相近的线条与图形来表达意义。在"马"的象形字插图中，马的头颈、鬃毛、四肢、尾部依稀可见，异常生动形象。

但诗人笔锋一转，指出"我进化/马也进化//但我无法/再看到它"的变化。随着历史的推进与文明的发展，象形文字已无法满足表意要求，繁体汉字虽然以象形文字为基础并保留有象形文字的特征，但它已逐渐"进化"为表意文字，与原本形象的象形字相去甚远。正是因此，诗人才感慨在繁体形式中"无法/再看到"活灵活现的马。

"我"借"but"（但是）一词再次跳跃思路："马想要/比赛/想成为计算机世界中/竞赛的超级马。//达尔文，你可能是对的。/成为适者是生存/大事

---

[46] 我看见一匹马/跑过/我牢狱的/栅栏//我进化/马也进化//但我无法/再看到它。/一辆汽车驶/过我眼前……但是马想要/比赛/想成为计算机世界中/竞赛的超级马。//达尔文，你可能是对的。/成为适者是生存/大事。//马骑/在飞毯上。/它无法承受两种知识：/直觉性的和描述性的。/前者是水银。//今天　　速度/与简洁同样重要。

……速度/与简洁同样重要。"随着时代的发展,繁体字笔画多、不便于书写和认记等弊端逐渐凸显,无法在注重时间和效率的现代化社会中适者生存。因此,为了保证语言的"速度/与简洁",中国政府在1956年明确区分简繁体汉字,并于1971年加入联合国后全面推动简体汉字。在引文中,"马"也从最初的形象生动变为形迹全无,却又速度惊人的"骑/在飞毯上"的马。为了追求速度和效率,"进化的飞马/经历了血淋淋的/变革",它"从不/向后瞥视,/只是在轨道上驶向前",而人类也随之"踏上了/误导的、无法停下的/输送带"。[47]

通过"马"字的象形体、繁体和简体插图,诗人不仅传神地表达了他对汉字演化丧失原有美感的遗憾,更反映了他对文化现代化进程的反思。[48]最初,人们因"看见一匹马/跑过"受到启发而"创造语言",每个字都"回应所见所思的世界",渗透着"深深的情感"和丰富的想象力。反观高度现代化的今天,世界是一个注重效率和收益、弥漫着"101010数字"的计算机世界,人们认为"艺术作品不是米饭",文字也不再是人类情感和想象力的载体,而是没有直觉和感知的"机械头脑"的运算工具。面对这样的现状,诗人用简短的"改进。/改进?"表明了自身对一味盲目追求效率的现代化进程的批判态度,并有效地启发了读者化现代化进程的思考。

本节从华裔美国英语诗歌中的图形诗与插图两方面入手,剖析带有画面元素的书写变异。图形诗《鼎》以诗为图,诗篇内容与"鼎"紧密契合。诗篇的视觉外观模仿由多个三足铜鼎叠加成的抽象巨鼎,内容则从一个个片段依次展现与鼎一样沉雄厚实、充满神秘色彩的中华文化与历史。《模仿三字经》图文并用,以"马"字的象形体、繁体和简体图片为插图,传神地表达了诗人对汉字演化丧失原有美感的遗憾,对一味盲目追求效率的现代化进程的批判,并有效地启发了读者对文化现代化进程的思考。

图画元素的加入不仅是一种新的诗歌创作手法,更反映了华裔诗人们崭新的语言哲学态度。在他们的笔下,诗文的每个词语及其排印不再是意义的透明载体,而是充满了生命力和个性美的诗歌意义的一部分。通过诗画合一、图文并茂的书写,华裔诗人的族裔情感产生了前所未有的视觉表达力和感召力。

小　结

本章重点分析了大写字母逆用、正体和斜体交叉使用、图画元素的加入这三种具有代表意义的书写变异，从诗与画的跨学科视角分析华裔美国英语诗歌中的超越传统英语诗歌书写常规的语言变异现象。

第一节以刘肇基、陈美玲、李立扬等诗人的大写字母逆用文本为研究对象，认为大写字母的逆用不仅丰富了诗篇的表意能力，更是华裔诗人"言志"的一个有效又奇妙的途径：或是强化"每逢佳节倍思亲"的诗篇主题、或是前景化饱受身心分裂痛苦的华裔"残破者"形象、或是突出历代离散个体的心路历程、或是放大美国社会中种族主义意识形态依旧存在的现实。华裔诗人们一改以往被动地遵守各种英语语言法则的做法，在诗歌写作中大胆地逆用字母大写，颠覆传统的书写规则，最大程度地强调了华裔独特的族裔经历与情感。

第二节重点分析了三个正常字体与斜体字体并用的诗作文本。在《野蛮人要来了》中，陈美玲用斜体重复句烘托正常字体主体诗文的方式表达了华裔个体的自嘲与戏仿，另辟蹊径地揭露了美国霸权话语所建构的华人刻板化形象。李立扬的《询问》将正体与斜体篇幅分别配以不同的人物，仿佛一页一页翻过的连环画，用文学语言再现了业已消失、湮灭的创伤场景。在《石中涌出的水》中，刘肇基效仿蒙太奇艺术手法，将受害者群体描绘的血淋淋场景（正体）与美国官方文件勾勒的事发现场（斜体）拼贴组合，构成了各自独立又和谐统一的蒙太奇图片。在这三个文本中，华裔诗人们突破了传统的英诗字体规则，并用正体与斜体，传神地完成了离散个体的族裔情感素描。

第三节从华裔美国英语诗歌中的图形诗与插图两方面入手，剖析突破英诗排印规则的带有画面元素的书写变异。图形诗《鼎》以诗为图，诗篇内容与"鼎"紧密契合。诗篇的视觉外观模仿由多个三足铜鼎叠加成的抽象巨鼎，内容则从一个个片段依次展现与鼎一样沉雄厚实、充满神秘色彩的中华文化与历史画卷。《模仿三字经》图文并用，以"马"字的象形体、繁体和简体图片为插图，传神地表达了诗人对汉字演化丧失原有美感的遗憾，表明了对一味盲目追求效率的现代化进程的批判态度，并有效地启发了读者对文化现代化进程的思考。图画元素的加入使得华裔诗人的族裔情感在文学视觉表达上达到了新的高度。

　　"变异"（deviation）又称偏离，指对常规及传统的违反。通过大写字母逆用、正体和斜体交叉使用、图画元素的加入等书写变异，华裔美国英语诗歌获得了常规语言无法企及的空间美感与艺术表现力。不仅如此，正如李立扬在诗作中所写的那样：

> 字符在讲述中存活，
> 讲述者在他的讲述中存活；
> 在打破沉默的嗓音中他存活。[49]

　　华裔群体的离散经历及族裔情感在变异的"字符"中、在变异的"讲述"中、在变异的"打破沉默的嗓音"中，被一次次再现，得以"存活"。华裔美国英语诗歌通过书写变异来书写变异人生，实现了画面美感与族裔情感的统一。

第四章

意象塑造：文化记忆与
本土经验的交叠

外在环境、身体与内心是构成、定义及区分社会个体的三大重要元素，外在环境与身体的改变必然引发内心的变化。本章将从食物、宗教、典故等文化意象入手，探究华裔文化在本土经验影响下与原有文化记忆的偏离及偏离的方式与原因，期望进一步解析华裔美国英语诗歌的文化价值与美学意义。

第一节 食物意象：本土经验下的饮食文化

民以食为天。在华裔美国英语诗歌中，柿子、苹果派、火锅、牛排、烧鸭、洋葱、豌豆、麻油、虾等各种食物意象层出不穷，组成了一场饕餮盛宴。在这场让人眼花缭乱的飨宴中，我们依旧能分辨出宛如一道道主菜般在诗篇中多次出现、承载着诗人相应的思想情意、统摄全篇并奠定主题与基调的"中心意象"（central image）。本章以柿子、苹果派、"打边炉"三道"主菜"为研究对象，希望能品尝出这些食物意象所折射的美国本土生存经验的影响与作用下的华裔饮食文化。

一、柿子意象：本土语境中的华族饮食文化

中心意象的一个典型代表便是诗集《玫瑰》中的诗作《柿子》（"Persimmons"）。在第一节，诗中人物回忆自己在小学六年级时因为无法区分"persimmons"（柿子）和"precision"（精确）两词而被老师沃克尔小姐（Miss Walker）责打的事件。但诗篇又马上几近夸张地表明，"我"其实是完全懂得"柿子"和"精确"二词的区别的：

如何挑选

柿子。这需要精确。
熟的软而带棕色斑点。
闻闻底部，甜的
必香。怎样吃：
把刀放一边，报纸放一旁。
轻剥皮，别撕肉。
嚼皮，吸汁，
咽下。然后吃
果肉，
如此甜，
全部吃下，直达心底。[1]

在继续发展的第五节中，沃克尔小姐将柿子称作"中国苹果"（Chinese apple），并让全班品尝一个未熟的青柿子，同学们因为青柿子又苦又涩的味道而纷纷撅嘴。这几个诗节中的柿子意象不仅生动形象地展示出了以"我"为代表的华裔儿童在美国白人学校中的痛苦、孤独、缺失理解与爱的生存现状，更反映了华族饮食文化被美国主流白人社会误读的全过程：沃克尔小姐象征主流媒体，自以为熟知华族文化，无意甚至有意地将错误信息传递给美国民众；由全班同学代表的美国民众则由于意识形态中先在的怪异、贫穷等华人刻板化印象而对这些错误信息不假思索，轻易地信以为真。

在第六到第八诗节，柿子意象又多次出现。在同学们因为青柿子苦涩的滋味而纷纷撅嘴后，"我"马上引出了母亲对柿子的不同理解：

>   母亲说每个柿子都有一轮太阳
>   在里边，金黄，闪亮，
>   温暖如我的脸庞。[2]

柿子意象在此处同样有着深刻的意蕴："我"明明能够准确区分"柿子"和"精确"两词的含义，却仅因不能准确发音而被白人老师误以为愚笨，受到责打。换句话说，在单一语言（英语）、单一文化（白人文化）、时常带有种族歧视的美国主流社会这个本土生存环境中，以"我"为代表的华裔个体的才华以及以柿子为代表的华族饮食文化的价值被埋没了，只有华族自身懂得欣赏、愿意欣赏它们所拥有的"金黄、闪亮、温暖"（golden, glowing, warm）的才情与内涵。

幸运的是，"我"受到母亲借柿子传达的爱与支持的鼓励，终于鼓起勇气，在父亲生病的时候借柿子表达了对父亲的爱：

>   我递给他那两个柿子，
>   饱满，沉重如悲伤，
>   甜蜜似爱。[3]

在经历了被误读的童年与青年后，诗中人物步入了成年阶段，虽然一直缺少主流白人社会的关注和爱，但"我"始终受到家庭的温暖与亲情的滋润。在父母亲情的启发下，"我"最终完成了"由爱生爱"（love begets love）的涅槃，从被爱转而爱人。[4]正如其在诗篇的最后一节所感慨的那样：

>   有的东西永远不会离开人：
>   你所爱的人头发的香味，
>   柿子的纹理，
>   在你掌中，那熟透的沉重。[5]

纽约大学的学者周晓静（Zhou Xiaojing）曾指出，中心意象使诗人能在不远离中心主题的情况下对广泛的相关素材进行"叙述、沉思和描写"（narratives, meditations, and descriptions),并使场景与场景之间的变化显得自然、流畅,全诗浑然一体。[6] 从开篇到末尾,柿子意象贯穿全诗,将"我"的学校岁月、与妻子亲热、日常遇到的语言困扰、母亲慰藉、父亲生病、父亲失明等场景联系在了一起。随着场景的推进,柿子意象所承载的思想情意也随之不断变化,由最初的被美国主流白人社会误读的饮食文化符号、本土生存环境中华族自身表示爱的方式等隐喻逐渐沉淀成为"我"心中永不消失的沉甸甸的爱的记忆。另外,诗篇中除了"柿子"这个中心意象之外,还陆续出现了"红色小鸟"(cardinal)、"太阳"、"苹果"等其他意象,它们在颜色上与"柿子"相呼应,使读者完全被笼罩在"金黄、闪亮、温暖"的情感基调之中,而"柿子"所承载的温暖、沉甸甸的亲情、食物即爱和由爱生爱等主题内容也得以形成。

在浑然一体的本土经验场景的叠加中,诗人凭借柿子这一中心意象,将华裔及华族饮食文化观念被误解、价值被埋没等本土生存经验一一展现。更难能可贵的是,诗篇将家庭生活与本土生存经验并置,在温暖与遭受误解的对比中挖掘出食物作为爱的表达方式、食物即爱的华裔饮食文化的核心。

二、苹果派意象:本土经验的隐喻

除了柿子、烧鸭、米饭、清蒸鱼等各种华族食物意象,华裔美国英语诗歌中也不乏牛排、冰淇淋等美国白人饮食文化中的西式食物,其中最具代表性的莫过于苹果派。

苹果派是一种以苹果为主要馅料的西式馅饼。它在美国的生产和食用的历史可以追溯到英国清教徒赴美的早期移民时期。在18世纪,苹果派就已成为美国人常见的食物,感恩节等节日更是无法缺少它的身影。近百年间,苹果派益发受到美国民众的喜爱:20世纪初期,美国有的媒体宣称"吃苹果派的人是不可战胜的";二战期间,美国大兵慷慨激昂地声称"为了母亲和苹果派"而战;在20世纪中后期,苹果派更是和棒球一起被用到了充满爱国主义色彩的商业广告中。[7] 对美国广大民众而言,苹果派意味着独特、典型、温暖、舒适的美国式生活,甚至产生了"as American as apple pie"(像苹果派一样美国化)的日常用语。自此,苹果派也从普通的食物上升为美国及美国文化的标志之一，具有复杂又深远的寓意。

值得注意的是，华裔美国英语诗歌中的苹果派意象与主流社会约定俗成的苹果派寓意存在不同程度的偏差。例如《少数族裔诗歌》一诗中的苹果派：

> 为什么
> 我们就像苹果派
> 一样美国——
> 那是因为，如果你也算上
> 躺在厨房柜台上
> 剥下的剩皮
> 厨师已经忘了它们
> 或者完全
> 不知道如何处置
> 只希望女佣
> 清理菜板时
> 将它们扔在
> 垃圾罐中
> 晚上离开时拿走。[8]

陈美玲在《黄色布鲁斯》一诗中也写道：

> 什么东西正在陈的厨房中煮烧，一万只黄腹啄木鸟
>   烘烤在一个派中。
> 什么东西正在陈的厨房中煮烧，一万只黄腹啄木鸟
>   烘烤在一个派中。
> 什么东西正在陈的厨房中煮烧，死死黄鸟，死死。[9]

从这两个例子我们可以看出，华裔诗人着力展现的并非制作完成后的苹果派成品，而是其制作过程。并且，"剥下"、"剩皮"、"清理"、"扔"、"垃圾""煮烧"、"烘烤"等字眼使读者无法联想到苹果派对主流白人而言所象征的家

庭的温暖、生活的舒适、自豪的爱国主义等正面情感，而是呈现出了另一种不同的复杂情绪及感受。

早期华工被雇淘金、修筑铁路、开垦种植园、在罐头厂做苦工、在白人家庭做男佣，从事各种各样白人不屑的艰苦工作，为美国的早期建设奉献了巨大的价值。但是，他们被勒令交纳高额的人头税，过着清苦的"单身汉"生活，还不时受到排华暴乱的伤害。时至今日，就华裔整体而言，除了极少数在专业领域谋职的华人精英之外，大部分华裔仍游离于主流社会之外，处于社会的边缘。华裔学者尹晓煌在书中就曾转引过一位华裔的抱怨："生活在美国，生活在美国社会里，任凭是谁，只要他是白人，就能完全融入。但对我来说，不论我的思想多么西化，我的英语说得多么标准，我都无法成为美国社会中的一员。白人只要一看我的肤色，就想从我的英语里找出所谓的华人口音。"[10]

面对主流社会尴尬的区别对待的华裔并非人种学中的一个抽象概念，他们是真实、具体、有着肢体感觉和内心感受的活生生的人，无法像种族主义意识形态想当然认为的那样没有知觉、没有情感。于是在华裔美国英语诗歌中，我们看到了林永得的"躺在厨房柜台上/剥下的剩皮/厨师已经忘了它们/或者完全/不知道如何处置/只希望女佣/清理菜板时/将它们扔在/垃圾罐中/晚上离开时拿走"流露出来的华裔被主流社会遗忘、始终处于中心之外的遗弃感和边缘感，看到了陈美玲的"什么东西正在陈的厨房中煮烧，一万只黄腹啄木鸟/烘烤在一个派中"流露出来的身心饱受煎熬、在种族歧视下无比压抑的灼烧感和窒息感，看到了李立扬的"砍掉"、"剁成/六块"、"破开"、"劈成四份"流露出来的主流霸权文化的暴力感与华裔个体身心残破的碎片感。[11]

可见，华裔美国英语诗歌中苹果派意象的独特呈现方式与华裔诗人群体的本土经验息息相关。首先，"剥下"、"煮烧"、"烘烤"、"清理"等一系列复杂、繁琐的苹果派制作过程是对一个半世纪华人在美生存经历的暗示。他们既要忍受艰辛劳动和恶劣工作环境难以避免的伤残和疾病，又要忍受主流社会的各种暴力和歧视，内心的遗弃感、边缘感、灼烧感、窒息感等负面情绪长此以往地积累，造成了严重的心理创伤。其次，复杂的制作之后始终与苹果派成品无缘这一细节更是对华人本土境遇的写照。苹果派就好比主流社会宣扬的美国神话，象征着温暖、舒适、自豪、民主的社会生活，是华人群体克服一切困难、忍受巨大艰辛一直致力争取的东西。遗憾的是，在一方面宣扬自由民主的神话，另一方面却又始终对少数族裔区别对待的本土境遇中，华裔等少数族裔始终是为他人作嫁衣裳，少数精英虽有幸一尝，也是在种族语境中冷却、变质的，远非温热、香甜的苹果派。从这两个方面看，华裔美国英语诗歌中的苹果派意象就从美国文化的典型代表演变为一个半世纪美国华人本土经验的隐喻。

三、"打边炉"意象：破解本土生存困境的灵感

对于食物在中华民族生活中所扮演的重要角色，弗里德里克·J. 西蒙（Frederick J. Simoons）在《中国思想与中国文化中的食物》一文的篇首就转引了这样一段话："正是（中国的）食物激发其思想者的想像/使其学者的智慧愈加敏锐/增加其手工劳动者的才能/并使其民众精神活跃"。[12] 早在公元前6000年，中国已知最早的农业已在北方兴起。[13] 此后的几千年间，华族饮食文化始终助力于华夏儿女的生活改善、技能增进、潜能激发等方方面面的进步。

现今，它自然也能为身处异质文化语境中的华裔诗人提供破解本土生存困境的灵感：

> 我的美国梦
>
> 就像 dá bìn lòuh
>
> 所有信仰和爱好的人们
>
> 围坐在一个普通的锅子旁
>
> 筷子和漏勺在各处
>
> 有些人煮鱿鱼而其他人煮牛肉
>
> 有些人煮豆腐或水田芥
>
> 全在一个汤里
>
> 像炖菜又不是
>
> 因为每个人选择他想吃的
>
> 只是共享锅和火
>
> 还有好的陪伴
>
> 和饭后舀出的
>
> 甜美的汤。[14]

在这首名为《中国火锅》("Chinese Hot Pot")的诗篇中,林永得提出了两个不同的概念:"炖菜"(stew)和"打边炉"(dá bīn lòuh,又译火锅)。这两种饮食方式均是将各种食材放在一个锅中烹饪,不同之处在于"炖菜"食用时各种食材依旧作为整体相混合,而"打边炉"则是"每个人选择他想吃的/只是共享锅子和火/还有好的陪伴/和饭后舀出的/甜美的汤"。

诗人借用"炖菜"和"打边炉"两种饮食方式的区别,既言简意赅又形象生动地表达了他对美国社会、个体的身份归属和文化认同等问题的深层次看法。"炖菜"可视为美国政府对外来移民推行的同质化(homogenizing)或同化(assimilation)政策的隐喻。作为一个移民国家,美国号称文化"大熔炉",以将各种族裔身份与族群文化熔炼、混合、搅拌进而打造出独特的美国人、美利坚文化为荣。但是,由于社会中各个阶层权力的悬殊,难免产生各种少数族裔文化被吞噬、被埋没的后果。例如在一次《新闻周刊》(Newsweek)的访谈中,谭恩美就曾谈及:"美国号称大熔炉,但同化的结果却是让我们刻意选择典型美国的东西,像是热狗、薯条,而忽略中国的东西。"[15]在强势的盎格鲁-撒克逊白人清教文化的强力同化下,少数族裔个体被慢慢侵蚀、少数族裔文化被渐渐吞噬和埋没,沦为了美国同化政策下"内部殖民"的牺牲品。

如果说"炖菜"是"大熔炉"政策的隐喻,"打边炉"则是被形象比喻成"马赛克"或"色拉碗"的现行文化政策的改良。自民权运动后,美国政府将原有的同化政策改为支持不同文化经验的共同存在,即多元文化主义(Multi-culturalism,又可说成 Pluriculturalism, Cultural Pluralism)。[16]这种政策意在鼓励文化多样性,保留各个族裔文化的个性与特色,但其不足之处在于可能导致各文化之间的隔绝甚至对立。为了应对"炖菜"式的同化和多元文化主义的弊端给少数族裔带来的生存困境,诗人借"打边炉"提出了自己的美国梦,勾勒了心目中理想的美国社会:怀有各种"信仰和爱好的人们"都能平等地"围坐在一个普通的锅子旁",都能享受握有"筷子和漏勺"的权益,根据喜好而自由地选择各种食物,彼此成为"好的陪伴",和平共享"锅和火"以及吸收了各种食材精华的"甜美的汤"。这不仅是一个多元文化共存的社会,更是一个各文化之间平等互助、共同繁荣,每个文化都能从集体文化宝库中吸取营养和精华的社会。

梁志英(Russell Leong)曾感叹:"我们都是文化边界的闯入者"。[17]的确,作为居住在美国领土上的华人家庭的一员,华裔诗人生活在中、美两种甚或多种文化的夹缝中已成为一种必然。在这样的生存困境中,"打边炉"意象一方面拒绝了"大熔炉"时期华族文化与主流白人文化之间非法/合法的不平等关系,另一方面也突破了"马赛克"时期华族文化与主流白人文化之间边缘/主流的对立关系,为华裔诗人破解文化夹缝之苦提供了灵感。

四、本土经验与饮食言说

柿子、苹果派、"打边炉"三个意象从不同角度折射了美国华裔的本土生存经验。在浑然一体的本土经验场景的叠加中,诗人凭借柿子这一中心意象,将华裔及华族饮食文化观念被误解、价值被埋没等本土生存经验一一展现。更难能可贵的是,诗篇将家庭生活与本土生存经验并置,在温暖与遭受误解的对比中挖掘出食物作为爱的表达方式、食物即爱的华裔饮食文化的核心。

苹果派意象的独特呈现方式也与华裔诗人群体的本土经验息息相关。诗人侧重描写复杂、繁琐的苹果派制作过程是对华人在美艰辛创伤经历的暗示,而复杂制作后与成品无缘这一细节更是对主流社会在宣扬自由民主神话的同时又对少数族裔区别对待的本土境遇的写照。

对生活在中、美两种甚或多种文化夹缝困境中的华裔而言,"打边炉"意象一方面拒绝了"大熔炉"时期华族文化与主流白人文化之间非法/合法的不平等关系,另一方面也突破了"马赛克"时期华族文化与主流白人文化之间边缘/主流的对立关系,为华裔诗人破解文化夹缝之苦提供了灵感。

在华裔美国英语诗歌中,除了上文选取的柿子、苹果派、"打边炉"三个代表性的食物,饮食是永远的话题。宋凯西"已学会吃下被提供的任何东西。/甚至我痛恨的芥菜"。[18]诗句言简意赅,将原本任性、挑食的小女孩被生活磨砺成没有任何棱角的幸存者这一过程形象地表现了出来,从侧面映射了美国华裔生存状况的苦涩和艰辛。除了具体食物,购买食物的场景也时有出现:"新鲜/意味着……穿过/流动的水/细看那/前冲的一群/阴影,寻找/游得最活泼的/那条"。[19]仅仅是与同伴在露天市场卖鱼的一个场景,林永得不仅表现出了华族饮食文化的精细与考究,更彰显了在艰苦的生存环境中华裔始终保持坚强乐观的可嘉意志。此外还有对食物做法的描写:"韩国人用黄豆芽并加入红辣椒使它热出斑点。日本人快速烫一下豆芽并丢进一摺总是塞在牙缝中的烤芝麻。而且他们总忘不了酱油。越南人将它们不做加工地撒在染上红香兰气味的冒着蒸汽的一碗碗河粉上。中国人用它们炒菜和做汤"。[20]在蔬果店工作的刘肇基细心地发现了亚裔不同的饮食特点，用豆芽不同的做法展示了美国亚裔各个族群鲜活、趣味盎然的生活细节。

在诗集《我爱你的城市》的结尾，李立扬写道：

> 我将吃下
> 那些站立的死者，
> 在柜台边，在过道中，
> 街道上的行尸走肉，
> 远离家园的死者，在陌生
> 土地上的死者，这些唐人街的
> 死者，这些美国的死者。
> 我将吞食这整个种族来歌唱，
> 根据爱默生的说法这个种族
> 将世界上最丑陋的特征
> 小心翼翼地保留了
> 三四千年之久。
> 我将吃下这些特征，吃下
> 过去的三四千年，全部吃下。
> 我将吃下爱默生，他透明的灵魂，他
> 催人入睡的超验。[21]

"远离家园"、"在陌生/土地上"，被主流社会负面刻板化为一个"将世界上最丑陋的特征/小心翼翼地保留了/三四千年之久"的族群，即是华裔族群整体共同经历的本土经验。而且正如诗人所表明的那样，谁也无法否认他们在是"站立的死者，/在柜台边，在过道中，/街道上的行尸走肉，/远离家园的死者，在陌生/土地上的死者，这些唐人街的/死者"的同时，也是"美国的死者"这一现实。这段诗文所凸显的美国华裔所具有的双重文化背景更是华族本土经验的根本与核心之所在。最终,"我"通过"吃下"、"吞食"、"全部吃下"等方式,接受消化了这一属性特征,实现了对自身双重文化背景身份的认同。

在《从必需到奢侈——解读亚裔美国文学》(Reading Asian American Literature: From Necessity to Extravagance, 1993)一书中,黄秀玲(Sau-ling Cynthia Wong)专门用一章来解读亚裔美国文学中的饮食书写,认为"大食者"、"色情饮食"(food pornography)等现象均非普通的食物描写,而是体现了美国亚裔少数族裔群体中权力与意识形态的协商、族群的文化与仪式、身份与属性的认同等多方面问题。华裔美国英语诗歌中的食物描写也是这样。无论是具体食物或者购买、制作食物,甚至"吃"这一最简单基本的生理活动,都不是独立、表面的具象,而总是与华裔诗人的本土经验息息相关,同时又带有展示饮食文化深层次诉求的意象。

英国精神分析学者罗莎芒德·哈丁曾转引德拉克洛瓦的观点说道:"自然是一部辞典;我们在其中寻找自己的词汇、词汇的来源和语源,以及构成句子和故事的一切因素;然而,没人会把这部辞典视作诗人词语意义上的作品……艺术不是自然精确地忠实描绘,而是通过人的心灵来熔炼在自然中所发现的种种元素。"[22]华裔美国英语诗歌中的食物描写也是如此,诗人利用心灵从自然辞典中寻找、熔炼种种适宜的元素,建立感性世界与自身生活经历的联系。之后,他们将所有的本土经验虚化,使其融入到一个个食物意象上,以此传达因特定本土经验产生的微妙的感觉、情绪、心理与意识。经过诗人艺术处理后的食物意象是其生命跋涉中的诗性呢喃,也是其灵魂最深处的洞察和私语,它们绝非独立、表面的具象,而是一种与生存环境协商的饮食言说,是一种"胃口的政治"(politics of appetite),是与华裔诗人的本土经验息息相关的带有展示饮食文化深层次诉求的表意系统。[23]

第二节 宗教意象:本土经验中的非信仰文化符码

宗教与文学具有天然的紧密联系:两者皆关注"人的情感体验",试图通过想象的中介,最终实现"潜移情志、感动心灵的功能"。[24]从这个角度出发,本章将关注由这两种"最易于对大众心灵产生潜移默化作用的"文化形态在华裔美国英语诗歌中强强联合、组结而成的一个个宗教意象，探究华裔诗人文化夹缝中的离散经验使这些宗教意象生发出的别样的美学效果和文化意义。

一、繁杂丰富的宗教意象

自建国之初，美国社会的语言、文化、习俗、人种等方方面面就呈现出繁杂丰富的多元化景观。在这多元化社会图景中，"宗教多元化是最根本的表现，是美国多元社会的根基"。[25]董小川所指出的这个宗教多元化的特点在华裔美国英语诗歌中也有所体现。

根据密歇根大学政治研究中心的资料，20世纪90年代初美国宗教信仰的人口比例为新教徒57%，天主教徒25%，犹太教徒2%。[26]新教、天主教、犹太教都信仰上帝，三者84%的人口比例决定了基督教在美国的主流宗教地位。美国社会中基督教占主流这一宗教信仰现状在华裔美国英语诗歌中也有所体现：从上帝、天堂、地狱、十字架等最为耳熟能详的宗教符号到教堂、牧师、圣坛、什一税等宗教生活细节，从羔羊、火焰、苹果、牧羊人等宗教典故到该隐、诺亚、保罗等宗教人物，甚至还有《圣经》的直接引用……作为世界三大宗教之一和美国的主流宗教，基督教为华裔美国英语诗歌提供了最广泛的宗教意象来源。

陈美玲、刘肇基、刘玉玲、汤亭亭……几乎每个华裔诗人的笔下都曾出现过基督教意象，其中最具代表性的当属李立扬。李立扬的父亲在移民美国后曾就读于宾夕法尼亚州匹兹堡市的神学院，毕业后在宾夕法尼亚州西部的一个小镇担任基督教长老会牧师。在年少的业余时间中，李立扬常常跟随父亲学习、背诵《圣经》，他在回忆录《带翅膀的种子》中还回顾了自己跟随父亲参加各种教务活动的经历。父亲的工作及其对上帝的虔诚和笃信不可避免地对李立扬产生了耳濡目染的影响。从《玫瑰》到《在我双眼后》，他的四部诗集充满了大量的基督教意象（见表4-1）。

虽然许多第一代移民和华裔为了融入美国主流社会而信奉了基督教，佛教依然在华裔的宗教信仰中占有相当重要的位置。在20世纪末，全美已有近150个包括佛寺、佛教学会、佛学社等形式的华人佛教组织，分布在纽约、旧

表4-1　　　　　　　　　李立扬诗集中的基督教意象

诗集	基督教意象
玫瑰	书信[27]（13），门（14、30、61、68），火/火焰（15、38、40、44、45），祈祷（38、43），灵魂（38），上帝（41、42、61、66），圣父、圣子和圣灵（41），全能（42），鲜血之杯（44），流放（45），原谅（45），灰烬（51），天使（59、63），赐福/赐福的（61、64），鸽子（63）
我爱你的城市	鸽子（6、11、51、52、53），教堂（13、14、41、51），训谕（14），天堂/天国（14、20、21、35、39、41、56、65、73、86），门（16、35、53、56、69、85），火/火焰（18、33、36、53、55、56），赞美诗（18、39），犹太人（20、87），保罗（20、23），审判日（21、79），《圣经》及其引用（22、51），灵魂（29、45、50、70、80、81、82、83、86），忏悔（33），上帝（36、37、38、50、81、），祈祷（55、79、85），地狱（56），安息日（71、86）
我的夜之书	鸽子（13、21、36），（耶稣）诞生（9），天堂/天国（9、22、59），上帝（10、14、48、49、50、62），门（12、21、26、38、48），火/火焰（38、44、46）
在我双眼后	火/火焰（17、23、24、36、38、39、66、69、81、86、87、89、102、103），天堂/天国（18、27、41、82、102），上帝（20、23、26、64、69、75、76、88、95、96），祈祷（23、24），地狱（27），门（33、38、41、46、47、50、54、90、97、100、104、105），鸽子（42、58、66、78、80、82、84、85、86、87），神父（57、58、59），《圣经》及其引用（60、62、64），教堂（64）

金山、洛杉矶等华人聚居的城市。[28]可以说，佛教是美国华人除基督教之外最普遍的宗教信仰。

宋凯西的诗集《乐土》的名字本身即是佛教意象。"乐土"出自《净土三经》，是大乘佛教用语，梵文本意是幸福所在之处，指的是阿弥陀佛成佛时因地修行四十八大愿所感之庄严、清净佛国净土。同时，《乐土》的封面也充满佛教意味，画面中间的佛祖头像非常醒目（见图4-1）。

· 第四章 意象塑造：文化记忆与本土经验的交叠 ·

图 4-1 《乐土》封面

除了诗集题目之外，我们还可以发现许多以佛教为素材的诗篇题目，例如，刘玉珍"WODE SHUOFA"中的《观音的二十八种本性》（"Twenty-eight Natures of Guanyin"）、《观音》（"Guanyin"），陈美玲《纯黄狂想曲》中的《在轮回之水左转》（"Take a Left at the Waters of Samsara"），林小琴《战争的孩子》中的《业》（"Karma"）、《不害》（"Ahimsa"）、《中阴》（"Bardo"），刘肇基《贾蒂娜之歌》的《反驳佛祖》（"Talking Back to Buddha"）……[29] 这些题目既有我们耳熟能详的观音、佛祖等佛教意象，更有"不害"、"中阴"等日常生活中不太常见的宗教术语，反映了华裔诗人深厚的佛学素养。

最后，通过梳理华裔美国英语诗歌的宗教意象，我们还可以发现一些以其他宗教信仰为选材的诗歌意象（见表4-2）。

表 4-2   部分诗集中的其他宗教意象举例

诗集	其他宗教意象
WODE SHUOFA	庄子（12、26），《金简玉字上经》（扉页），孔子（22、27），孟子（30、31），《道德经》（扉页），九宫格（62），道（70）
战争的孩子	黑暗复仇女神[30]（22），真主[31]（26），穆斯林（33）、印度教徒（33）

95

续表

诗集	其他宗教意象
凤去台空	庄子（19、45、88），道（30、31），无（30），虚无（30），空（30），复仇女神（40）
纯黄狂想曲	道（21），孟子、荀子（26），玉皇大帝（36），萨满（71），婆罗洲（75），生命之火[32]（84），中庸（88）

从表4-2各个诗集的宗教意象来看，华裔诗人并未仅局限于基督教与佛教这两大主要宗教来源，而是将视野扩大，选用了出自不同国家、语言与文化渊源的宗教意象，形成了基督教为首、佛教为次、道教、儒教、印度教、伊斯兰教、萨满教等多元宗教并存的意象体系。

二、充满本土经验烙印的宗教意象

不论华裔美国英语诗歌中的宗教意象体系多么庞大、信仰来源多么繁杂丰富，这些宗教意象总是与美国华裔的生活经历息息相关，充满了本土经验的烙印。梁志英的《梦尘之乡》就是这样的一个例子。诗集不仅具有较多数量的基督教意象，而且这些意象所指涉的事件历史与时代背景都相对集中，形象地再现了早期华人移民美国后与基督教接触的最初本土经验（见表4-3）。

表4-3　　　　　　　《梦尘之乡》诗集中的基督教意象

	基督教
梦尘之乡	牧师（23、25），基督徒（23），传教士（23、24、25、34、36、37、47），教堂（24、25、36），圣灵（24），耶稣（25、26、27、34、36），异教徒（25），天堂（26），十字（26），圣经（27），使团（33），神父（34），长老会（34），上帝（37、40）

早期华人移民"与梦签订契约"，梦中的美国"有着柔软胸膛的绿色岛屿/几乎是我们没见过的一个海市蜃楼"。[33]但他们意料之外的是，在满布基督徒的美国社会中，他们成了白人眼中的异教徒，遭遇到了牧师、神父、传教士、使团等"耶稣的人"不同的传教经历。[34]

第四章　意象塑造：文化记忆与本土经验的交叠

在长篇组诗《梦尘之乡》中，梁志英首先从群体的视角书写了华人移民的被传教经历：

>"耶稣的人"来了，一个季度
>又一个季度：奥古斯塔斯·卢米斯，
>……
>奥蒂斯·吉布森；艾拉·康迪特。
>他们排着队教导异教徒
>如何祈祷
>如何偿还异教的罪。[35]

这些"耶稣的人""跟随淘金者到了加利福尼亚"，跟随"采矿/或铺设铁轨"的华工到了"马里斯维尔、圣莱安德罗、/圣何塞、萨克拉门托"。在早期华人移民的心目中，他们最害怕的是：

>逗留得太久
>成为传教士的猎物
>在教堂的命令下　向圣灵
>敞开自己满是灰尘的灵魂。[36]

组诗的第二首从华工集体心目中的"耶稣的人"转为华人个体印象中的"耶稣的人"，从一位华人女性的视角讲诉其被"拯救"的经历：

>我被锁在
>旧金山山顶的
>砖块砌成的收容所里。[37]

在诗作的开篇，诗人便用"锁"一词折射出了"耶稣的人"传教的强势性和暴力感。他们的强势来自于"只有耶稣的白种女人/唐纳迪娜·金美伦，/有打开天堂大门的钥匙"。[38]因为"耶稣的人"掌握"打开天堂大门的钥匙",他们就可以肆意地"将我从小床上拖走",关在"女人传教区的／木栅窗"内,"偷偷拿走我的粉和颜料,／将我的腿推进高级密纹棉布中,／教我如何祈祷、宽恕／和遗忘"。[39] 但无论"耶稣的人"如何费尽心力地"教我如何祈祷、宽恕／和遗忘",这种强势和暴力的传教行为本身就注定了"我"的排斥,"逃离的梦／没有休止",因为"耶稣的人"只能"拯救我的身体／而不是我的灵魂",这种"拯救"的实质也只不过是:

> 白种女人用她们在我眼中
> 看到的邪恶
> 交换她们自己的救赎。[40]

组诗的第六首再次以个人视角观照"耶稣的人",描写了一个华人男孩的被"拯救"经历:

> 神父,
> 比我真实父亲的身体
> 宽两倍又白两倍,
> 在你手臂中赋予我人的形体。
> 用你放在我胸膛和腿上的手
> 拯救我。
> 以为救我们所有人
> 献身的那个人的名义
> 许诺不说出去。[41]

神父身体与父亲身体的对比再次凸显了"耶稣的人"的强势性。这种强势不仅来自于他比父亲"宽两倍又白两倍"的身体,更来自于他是"耶稣的人",在耶稣——为救我们所有人／献身的那个人——的名义下,神父可以不顾华人男孩如何"哭着喊犯规"而在其"胸膛和腿上"做下"邪恶的游戏"。

华裔女诗人群体笔下的观音意象同样引人注目。在刘玉珍的诗集"WODE SHUOFA"中,观音有"一千零七根手臂,每一个／手掌中心都有一只眼睛",

她具有"二十八种本性",既可以"当你需要慈悲时/她从腕中伸出的手"让你感动,也可以像恋爱中的女孩一般"在他胸膛上流汗……被引诱至一个/在太阳和雨之间的国度"。[42]

在《战争的孩子》中,观音是一个寄予了女诗人复杂情感的宗教意象:一方面,观音既能给唐人街的"胖孩童"送去帮助和祝福的"烫金幸运红信封",又能让诗人借其纪念逝去的女儿,慰藉丧女之痛。[43]诚如诗文所暗示的那样,观音能够为包括诗人在内的华族儿女提供巨大的精神支持及慰藉。但另一方面,诗人又写道:

> 但是她能填满因思乡而枯萎的胃吗?
> 或者停止恐怖主义炸弹的爆炸?
> 还有明天所有的塑料袋去哪里?
> 底格里斯河的岸边?巴米扬山洞?
> 会有足够食物给将死者吗?
> 会有足够的怜悯来冷却
> 美国青年人愤怒的脚跟吗?
> 或者安慰伊拉克的孤儿们?[44]

离散个体的痛苦、恐怖主义的炸弹袭击、环境污染、食物短缺、青少年犯罪、战乱……这些都是困扰现代社会的各种社会难题,无法在朝夕间得到解决,更绝非作为宗教信仰对象的观音所能破解。林小琴始终清醒、明确地意识到,观音能提供精神支持,却也仅能提供精神慰藉,作为宗教信仰,她无法真正地"救世"。这样的观音意象既包含了诗人的肯定、仰仗同时又隐含着失望与否定的情绪。

在陈美玲的笔下,观音意象更是因为诗人的本土经验而千变万化。观音面色"苍白"、"前额很小"、"还没计算/更早阶段的商朝"就已经"4987岁"。[45]她是华族女性"保持身体的圣洁/和思绪的干净……清洗了邪念之心",在"象牙脚边烧香"祈求平安的"慈悲女神",也是厄运降临时被她们斥责"玩忽职守"的对象。[46]观音的"眼睛不会撒谎",是她"背着我们来了这里/美国",也是她在远离西安和开封千里之外的旧金山,"当恶魔的黑手抓住我们,将我们的愧疚深深/推进底栖鱼的海湾"时"疲倦了;她转来了视线"。[47]在《最初的教训》一诗中,观音甚至成了华裔女孩受欺负的借口:

我起身;
一个红色的眼圈
一朵玫瑰般开在我眼睛上。
她说,
"适合皇后的一件礼物——被
喂养你、抚慰你的手奉上
并现在,扇出你的理智。"

"你的怜悯女神说话了。"

她跑开了,金色头发闪耀,
灰尘正栖息在沥青上。

我再一次做了。
我从鲜血和泥土中起身
像牛犊一样叫。[48]

诗文描写了一幅华裔女孩被美国女孩欺负的场景:场景的上方是"金色头发闪耀"的美国女孩,以华裔女孩的"怜悯女神说话了"为借口,用自认为是"喂养"、"慰藉"的手"扇出"华裔女孩的"理智";在场景的下方,华裔女孩的眼睛被打出了"一个红色的眼圈",跌倒在"鲜血和泥土中","像牛犊一样叫"。在基督教为主流宗教的美国社会中,观音是异教的神,信奉观音的华裔也成了被歧视、被边缘化的异教徒。通过观音从救苦救难的菩萨成了强者欺凌弱者的借口这一转变,诗人形象地影射了美国社会中文化冲突的本土经验。

可见,在华裔的美国生存经验的影响下,华裔女诗人笔下的观音意象或是具有了崭新的"二十八种本性",或是寄予了诗人的肯定、仰仗却又失望与否定的复杂情感,或是成为基督教强者欺凌异教弱者的借口,皆因个体生存环境的差异而呈现出不同的样貌。

第四章 意象塑造：文化记忆与本土经验的交叠

华裔美国英语诗歌中另一个具有代表性的宗教书写出自诗集《战争的孩子》。与其他华裔诗人在诗集中通常书写一种或两种宗教意象（例如李立扬四部诗集均只涉及基督教、梁志英《梦尘之乡》多见基督教与佛教）不同，林小琴的诗篇充分反映了美国社会中基督教为首、佛教、伊斯兰教、印度教、道教等其他宗教多样化并存的宗教现状：

> 对罗莎·帕克斯和伯明翰礼拜日
> 对马尔科姆·艾克斯和马丁·路德·金
> 对尼尔森·曼德拉和达赖喇嘛
> 对瑞格博塔·曼秋和特蕾莎修女
> 对一行禅师和圣雄甘地
> 对昂山素姬和玛哈·哥沙纳达
> 我们献出永远守卫的真。[49]

在这段诗文中，诗人并未独尊任何一个宗教，而是对马丁·路德·金、特蕾莎修女、一行禅师、玛哈·哥沙纳达、马尔科姆·艾克斯等基督教、佛教、伊斯兰教等多个宗教派别人物献出敬意。

从致力于危地马拉社会的正义与和谐的瑞格博塔·曼秋到积极推动柬埔寨民族和解的玛哈·哥沙纳达，从引导无数人获得宁静平和心灵的一行禅师到追求黑人和白人之间的沟通、理解与博爱的马尔科姆·艾克斯，还有获得诺贝尔和平奖的特蕾莎修女、昂山素姬等人，这些宗教人物的共同之处在于他们对世界和平、人类平等的巨大贡献，他们都实现了诗人所秉持的信条：

> Ahimsa
> 用行动来爱，在爱中行动
> 对一切，对一切
> 动物、植物和人
> Ahimsa, Ahimsa, Ahimsa.[50]

在诗人心目中，"一切动物、植物和人"是平等的，所有宗教、人种和文化之间都应该秉持"不害"(Ahimsa)的原则,不应出现一方凌驾、伤害另一方的情况。

在"我们美国人崇拜自我/认为我们是带来光明的太阳/认为我们是敲动世界活力的鼓/认为我们是自然必须存活的世界"的现实境遇中,诗人用马丁·路德·金、特蕾莎修女、一行禅师、玛哈·哥沙纳达、马尔科姆·艾克斯等多元、平等、持有共同目标的宗教意象表现了自身对拥有信仰平等、人种平等、文化平等的本土生存环境的愿望和建议。[51]

三、宗教意象的实质:非信仰的文化符码

在华裔美国英语诗歌的宗教体系中,除了上文所涉及的梁志英的"耶稣的人"与华人异教徒意象、女诗人群体的观音意象、林小琴的马丁·路德·金、特蕾莎修女、一行禅师等多元宗教意象,还有李立扬的上帝、陈美玲的道、宋凯西的乐土、刘肇基的伊甸园、梁志英的梦尘等许许多多形象生动的宗教意象。面对如此丰富、繁杂的宗教意象体系,我们不禁好奇:难道华裔诗人都具有某种宗教信仰?他们笔下的宗教意象是否其宗教信仰的反映?

要想弄清这两个问题,认清宗教一词的含义是当务之急。在《韦氏英语百科全书字典》(*Webster's Encyclopedic Unabridged Dictionary of the English Language*)中,"religion"(宗教)被定义为:

> concern over what exists beyond the visible world, differentiated from philosophy in that it operates through faith or intuition rather than reason, and generally including the idea of the existence of a single being, a group of beings, an eternal principle, or a transcendent spiritual entity that has created the world, that governs it, that controls its destinies, or that intervenes occasionally in the natural course of[52] its history…

根据韦氏字典,宗教的核心之处在于信徒相信,在可视世界之外的一个/一群存在(being)、永恒的法则(principle)或者超验的精神实体(spiritual entity)

创造世界、统治世界、控制世界的命运或者间或干预世界的自然进程。虽然这一定义带有浓厚的基督教烙印（创造世界、干预世界的自然进程与上帝创世与大洪水等圣经典故相似），但这一"不可视的"、"永恒的"、"超验的"、超自然的、神性的信仰对象还是符合大多数一神教、多神教和泛神教的教义。

以世界三大宗教之首的基督教为例，上帝是一个单一的存在（single being），他用七天时间创造了世界，却又独立、外在于这个"可视世界"（visible world）之外，当他对这世界上的自然进程不再满意时，大洪水是其干预世界的方法。人不能用"理性"（reason）认识上帝，只能靠"信仰"（faith）和"直觉"（intuition）领悟上帝。他身着圣洁的长袍，头部高悬耀眼的光环，象征着无限、极善和永恒，是秩序的化身，也是拯救的力量，是具有自在（self-existence）、独立（independence）、永恒（eternity）、"全知"（omnipotence）、"全能"（omniscience）等属性的创造者。[53]

但在华裔美国英语诗歌中，上帝却与这一西方文化中约定俗成的信仰对象有着较大差异。例如，在《我爱你的城市》中，李立扬这样写道：

> 上帝，那古老的熔炉，一直说话
> 用他那布满牙齿的嘴，
> 络腮胡上沾染着盛宴的痕迹，他的呼吸
> 有汽油、飞机、骨灰的味道。
> 他对我的爱感觉像火，
> 感觉像鸽子，感觉像河水。[54]

李立扬的上帝没有身着圣洁的长袍，头部没有耀眼的光环，没有施展创造世界、干预世界的神迹。相反，他的嘴"布满牙齿"，脸上长满"沾染着盛宴的痕迹"的"络腮胡"，"呼吸/有汽油、飞机、骨灰的味道"。上帝的神性不复存在，他的光芒被另一个"神一样的"（godlike）的人物取代[55]：

> 我上帝般的父亲，他是被选中的。
> 我全能的父亲，充满了善意的害怕。
> 我筋疲力尽的父亲，我深爱的人。
> 在玫瑰和荆刺中的父亲。[56]

在《玫瑰》中,"父亲"是"被选中的"、"全能的"、"善意的"、通过了"玫瑰和荆棘"的考验、受人"深爱"的"上帝般的"人,身上充满了神性的光辉。在这两段诗文中,上帝原有的神性消失了,成了一个"人一般的"存在;"父亲"原有的人性升华了,成了一个"神一般的"存在。

上帝神性的消失与"父亲"成为"神一般的"存在的改变原因要在李立扬的宗教信仰上发掘。李立扬在接受梅耶斯(Bill Moyers)的采访时曾表示,他对天堂的渴望来自于对家园的渴望,他觉得基督教有道理是因为意识到它一开始是奴隶的宗教而基督是一个外来者。[57]可见,李立扬的诗集出现包括上帝在内的众多基督教意象是因为"以色列民族的流浪"、"失去联系和错置的感觉"等相似的身心经历引起诗人感情上的契合与"深远的共鸣"[58]这些基督教意象是诗人"想写下作为移民和难民的自身经历"的愿望的结果,远非诗人的宗教信仰,诗人也并非基督徒。从这个角度回观上两段诗文,上帝的神性消失以及作为"移民与难民"代表的"父亲"在通过了"玫瑰和荆棘"的考验后获得神性的光辉也在情理之中。

同理,上文的观音意象也是如此。在华裔女诗人的笔下,观音面色"苍白"、"前额很小","当恶魔的黑手抓住我们"时"她转来了视线",更可以像恋爱中的女孩一般与男孩共赴云雨。这样的观音意象的神性也消失了,与佛教中原本相貌端正慈祥、手持净瓶杨柳、大慈大悲、救苦救难的观世音菩萨有着天壤之别,充分证明了华裔美国英语诗歌中的观音这一宗教意象同样并非诗人们的信仰对象,而是在本土经验的影响下,因诗人个体生存境遇的差异而呈现出多重侧面的美学意象和文化符码。

在此,我们终于得以一窥华裔美国英语诗歌中的宗教意象所具有的别样的美学效果和文化意义。绝大部分华裔诗人(只有梁志英笃信佛教)并非虔诚的宗教信徒,华裔美国英语诗歌中的宗教意象也多非反映诗人们的宗教信仰。在异质环境中的少数族裔的本土经验以及文化夹缝中的离散经历的烙印下,华裔美国英语诗歌中的宗教意象一改原本"不可视的"、"永恒的"、"超验的"、超自然的、神性的信仰对象的特质,纷纷走下神坛,具有了全所未有的现实性和现世性,变得异常鲜活生动。它们既是展示诗人群体人生观和诗学理念的美学符号,更是带有本土经验烙印的非信仰的文化符码,具有重要的美学价值和文化意义。

第三节 典故意象：文学传统的继承与开创

如果说食物意象反映了美国华裔的本土经验中最必需、最现实的文化记忆，宗教意象反映了最抽象、最理论的文化记忆，那么本节的研究对象——华裔美国英语诗歌中的文学典故意象，则反映了对华裔诗人而言最珍视、最美好的文化记忆。在美国这个语言与文化多样化的社会中，华裔受到双重、甚至多重的语言及文化的熏陶，华族与欧美两个文学记忆的精髓自然而然地凝聚在他们的血液里，并通过其笔端倾泻而出。本节意在梳理华裔美国英语诗歌中的华族与西方文学典故意象，借此一窥华裔诗人的文学记忆在本土经验的影响下的传承与发展现状。

一、华族文学传统的传承

漫漫五千年，勤劳、聪慧的中华民族不止创造了令人叹为观止的物质文明，更留下了浩如烟海的文学宝藏。从《诗经》、《乐府》到唐诗、宋词、元曲、明清小说，华族的文学记忆一直回响在华裔美国英语诗歌中。

林永得的诗集《疑义相与析》的题目就出自陶潜的诗句"奇文共欣赏，疑义相与析"，而且诗集中还多处引用了陶潜、杜甫、苏轼等人的诗句（见表4-4）。

表4-4　　　　　　　　《疑义相与析》中的诗句引用

页码	诗篇	诗文	出处
12	至刚离世的一位同学	门前执手时，何意尔先倾。	陶潜《悲从弟仲德》
33	秘密参与	访旧半为鬼	杜甫《赠卫八处士》
38	世上最伟大的表演	古人惜寸阴	陶潜《杂诗》其五
45	热力学第二定律	忆我少壮时，无乐自欣豫。	陶潜《杂诗》其五
57	疑义相与析	奇文共欣赏，疑义相与析	陶潜《移居》
78	致古代大师们	虽留身后名，一生亦枯槁。	陶潜《饮酒》其十一

续表

页码	诗 篇	诗 文	出 处
83	我的兄弟返乡	昔别君未婚，儿女忽成行。怡然敬父执，问我来何方。	杜甫《赠卫八处士》
99	在卡哈拉海滨公园的中秋节野餐	何事长向别时圆？	苏东坡《水调歌头·明月几时有》

在《至刚离世的一位同学》中，诗人借陶潜回忆去世弟弟的诗句"门前执手时，何意尔先倾"引入事件，抒发"我"在同学离世后的内心悲叹："不能看见这里的这些卵石，/不能闻见我留下的玫瑰，/更不要说听见我给你的无声祈祷"。[59]《秘密参与》通过不同时间段的两个场景，分别展示了"曾经来我家吃饭的/老一帮人""充满活力正值鼎盛时期""在一起的时光"，以及教堂中"半数伤残或逝世"的"来自那个团体、那些岁月"的亲朋好友，用杜甫的诗文"访旧半为鬼"奠定了诗篇的主题与基调："一代人的告别"时"悲伤的感觉"。[60]题名诗《疑义相与析》描写了"我"因为粤语不流利而与妻子在"西昆体"一词的理解和沟通上发生的小闹剧，在一番漫长困难的"疑义相与析"后，两人最终实现了对梅尧臣的"奇文共欣赏"。

诗作《在卡哈拉海滨公园的中秋节野餐》讲诉了诗人在中秋佳节与家人朋友同在海边赏月的所见所感。在开篇，美国土生的"我"与来自香港的妻子和朋友们"坐在海滩附近的长椅上"赏月，沉醉于"从东方的水中升起"的、"柠檬色，又圆又漂亮/像孩子的脸庞"般的月亮。在月光的感染下，"我"回忆起在香港岳父家过中秋节的经历，"家家户户总是聚在一起/吃特殊的晚餐"。记忆再次向前，"我"想起与妻子在月光下约会时，她将苏轼的《水调歌头·明月几时有》娓娓诉出："她对我背诵了记忆中/一首杜甫的诗，诗人在流放中，/想要和家人在一起/在这同一节日的晚上。/他抬头望月/并得到慰藉因为他的兄弟们/尽管远离，/也正同时看着/他看的同一个月亮。"[61]

诗人匠心独特，选取了三个场景：一个是千年前的宋朝的一个月夜，苏轼感叹："人有悲欢离合，月有阴晴圆缺，此事古难全。但愿人长久，千里共婵娟"；一个是万里之外的香港的一个月夜，"我"与家人们一起赏月，共享"只在一年的这个时候制作的"美味月饼；最后一个是现今的美国夏威夷海滩边的月夜，"我"和亲朋好友共同"背诵/一个始于庆祝/明亮月亮的/白话育儿短诗"。这三个交融与重叠的月夜情景使"我"陷入了沉思：

> 然后我开始思考
>
> 这些柔情
>
> 以及它们如何
>
> 世代存于我们文化中。
>
> ……
>
> 好像甚至在（杜甫）那时
>
> 我们种族内
>
> 就已经铭刻了这个习俗
>
> ——在这月圆时
>
> 与家人共聚的
>
> 渴望
>
> 奔流在我们的血液里。[62]

  从千年前的宋朝到万里之外的香港再到现今的美国夏威夷，月夜在不同时空的炎黄子孙心中引起了共鸣。这共鸣来自于"奔流在我们的血液里"的"在这月圆时/与家人共聚的/渴望"，它已经铭刻在每个华族个体的身上，成为"世代存于我们文化中"的记忆和传统。任凭世界沧海桑田，任凭人事变化无常，任凭亲友相隔万里，那同一的圆圆的月亮始终能"发挥莫大的凝聚力"，使华族儿女的心灵得到宽慰，形成"强烈的文化认同"。[63]

  另一位具有深厚中国古典文学背景知识的华裔诗人是陈美玲，她曾专门进修过古汉语和中国古典文学，还翻译过艾青的诗集。正因如此，华族文学典故经常出现在她的诗作中。陈美玲两部诗集的题目皆是华族文学典故："凤去台空"出自李白《登金陵凤凰台》中的诗句"凤凰台上凤凰游，凤去台空江自流"，"矮竹"是诗人受白居易《新栽竹》的影响，借"勿言根未固，勿言阴未成。已觉庭宇内，稍稍有余清"的诗句，寓意华美英语诗歌虽处萌芽，终将繁茂的美好前景。

  在具体诗作中，华族文学典故意象更得到了广泛的运用。以诗集《纯黄狂想曲》为例，陈美玲在书末的注释部分曾对书中所有典故一一标注：《殖民语言是英语》("The Colonial Language is English")中的"The Tao of which we speak is not the eternal Tao, the name we utter is not the eternal name"（道可道，非恒道。名可名，非恒名）出自老子的《道德经》；[64]《中国四行诗》("Chinese Quatrains")由"jue-ju"（绝句）改写而成；《摆脱 X》("Get Rid of the X")用典李白著名的"Drinking with the Moon"（《月下独酌》）；《上帝之河有多深？》("How Deep Is the River of God?")引用了《诗经》中的"Guan, guan cry the ospreys"（关关雎鸠）；《一个古老主题的各种变异：酒醉丈夫》("Variations o an Ancient Theme: The Drunken Husband")中的犬吠和酒醉丈夫是《乐府》中常出现的主题和形象；《臼和杵真实的故事》("The True Story of Mortar and Pestle")源于颜之推《冤魂记》中的《徐铁臼》[65]；《今晚在群星闪烁时》("Tonight while the Stars Are Shimmering")引用了杜甫的诗句"Between heaven and earth, a pesky brown gull"（天地一沙鸥），并使用了《肉蒲团》中的"蒲团"典故；《家族餐馆》("Family Restaurant")受到一首王维的诗的启发；《民歌重访》("Folk Song Revisited")标注献给《乐府》中的民歌"Her Door Opens to White Waters"（开门白水，出自《乐府诗集·神弦歌·青溪小姑曲》）。既有李白、杜甫、王维等著名诗人，也有《诗经》和《乐府》为首的古典诗歌集，甚至还有《冤魂记》和《肉蒲团》这样的中国古典小说，《纯黄狂想曲》的文学典故使用可谓既多又广。

这些典故意象不仅在数量和范围上令人称奇，它们与诗篇的主题思想也非常契合。例如，在《今晚在群星闪烁时》中，诗人写道：

山峦上突然盛开的红木槿
   一种大丽花般忧郁的寂静使小路变冷
怜悯蹒跚在 8 号高速上
   在拉由拉和朱利安之间你很悲伤
穿过德尔玛海岸我沉思逝去的母亲
       天地一沙鸥。[66]

"天地一沙鸥"出自杜甫的五言律诗《旅夜抒怀》。杜甫晚年辗转时因得到严武等人的帮助，全家得以在四川安居。不料第二年严武突然去世，失去庇护的杜甫与家人又不得不离开四川。《旅夜书怀》即写于诗人离开四川、乘舟四处漂泊的旅途中。诗人看到舱外"星垂平野阔,月涌大江流"的浩瀚景色,益发感觉羁旅中的自己孤苦无依,不由感叹:"飘飘何所似?天地一沙鸥"。

陈美玲的诗文选用的正是这个沙鸥意象。因为生活、学习和工作等原因,诗人曾辗转于香港、俄勒冈州波特兰市、马萨诸塞州奥本市、爱荷华州爱荷华市、台湾、加利福尼亚州斯坦福市和圣地亚哥市等诸多地方,她的人生境遇和本土经历中有很大一部分与引文描写的情景相似:"我"独自开车行驶在高速公路上,拉由拉、朱利安、德尔玛海岸……经过一个个地方,感受着"寂静"、"变冷"的道路。在"群星闪烁"、远处山峦和宽阔道路构成的宏大情景中,"我"感念自身的羁旅漂泊、怀念去世的母亲,身心的那份"悲伤"和孤单像极了杜甫笔下广阔天地中那只孤苦漂泊的沙鸥。这里的沙鸥意象丝毫不令人感觉突兀,反而更显情景交融,生动形象地展现了华裔个体"天地一沙鸥"的离散愁苦,感人至深,不失为华族文学典故与华裔离散经历现实之间的完美契合。

在与汤亭亭的一次谈话中,陈美玲就坦言了自己对华族文化传统的看法:

> 我写诗时常回想到唐朝。我感到自己确实是那中国传统的一部分。我不愿与它割断联系。这就是我学习古汉语的原因。我感到它非常非常重要……我们的根在很早以前。我们是古老的心灵……我感到与我的中国根紧密相连。[67]

从林永得的美好静谧的月夜意象到陈美玲的形单影只的沙鸥意象、从汤亭亭的"木兰"到宋凯西的"鼙舟"、从施家彰的"柳风"与"关关雎鸠"到姚强的李贺与李商隐,华族文学典故被华裔诗人一次又一次地书写,总能在不同时空的炎黄子孙心中引起共鸣。华裔诗人笔下的典故意象是那"很久以前"的、"古老的""中国传统的一部分",早已铭刻在每个华族个体的身上,成为"世代存于我们文化中"的文学记忆,得到不断的传承与发扬。

二、西方文学传统的延续

由于本书中的绝大部分华裔诗人将英语(一些诗人,如林永得、宋凯西等第二、三代华裔,并不擅长汉语或粤语)作为第一语言并主要使用英语(个别诗人,如林玉玲,能用英语和汉语双语写作)进行诗歌创作,他们不可避免地受到来自英语语言文学等西方文学及思潮的影响。

在散文诗集《成为诗人》中,汤亭亭借"云雀"典故表达了自身进行诗歌创作的渴望与抱负:

我将成为云雀……我向你声明:我正尝试写诗……真和美偶然发生在诗人身上……缪斯飞过,在诗人头上和伸开的手中丢下宝石……我将举着空篮子到处走。[68]

西方文学传统中最著名的云雀莫过于被雪莱顶礼膜拜的那只。在《致云雀》中,雪莱赞美云雀能够"以酣畅淋漓的乐音,/不事雕琢的艺术,倾吐你的衷心",认为诗人如能有幸向云雀学习,那么充满"和谐、炽热的激情"之美的诗篇"就会流出我的双唇,/全世界就会像此刻的我——侧耳倾听"。[69]在这里,云雀从普通的鸣禽一跃成为耀眼的诗歌意象,成为象征美好诗歌艺术的精灵,具有让全世界"侧耳倾听"的魔力。从此,云雀在西方文学中逐渐演变成了一个文学典故,是所有渴望写诗、渴望写出好诗的诗人心目中的灵感源泉。

值得注意的是,除了云雀之外,缪斯与"真和美"皆为文学典故。缪斯出自西方文学重要源头之一的古希腊神话,是掌管诗歌、绘画、音乐等艺术的女神;"真和美"更是柏拉图、济慈等人笔下经久不衰的永恒话题。在成功出版了几部小说之后,汤亭亭大胆、果敢地将创作领域转向诗歌。在新诗集的第一段,汤亭亭就郑重地"声明":"我将成为云雀"、言说真和美的云雀、受缪斯指引的云雀。这几个典故的叠加使用凸显了汤亭亭"选择诗人的生活"的愿望和决心,反映了诗人对以希腊神话、雪莱、济慈为重要组成部分的西方文学传统的承袭。

与汤亭亭使用"云雀"诗歌意象为典不同,李立扬选择了书写作家及其理论思想为承袭传统的方式。在其代表作之一的《裂开》("The Cleaving")中诗人写道:

> 我将吃下这些特征，吃下
> 过去的三四千年，全部吃下。
> 我将吃下爱默生，他透明的灵魂，他
> 催人入睡的超验。[70]

拉尔夫·爱默生（Ralph Waldo Emerson，1803—1882）是美国超验主义（Transcendentalism）的杰出代表。[71]他认为诗人有一种"秘而不宣的智力知觉"（ulterior intellectual perception），可以捕获那些似乎超越人类知识极限的真理的端倪，并且能够立刻理解它们。[72]这能被诗人捕获、理解的真理在爱默生的眼中即是"超灵"（Over-Soul）/"宇宙精神"（Universe Spirit），它是宇宙间最为重要的存在因素，是世界的本源。爱默生认为，每个人的灵魂都与"超灵"/"宇宙精神"相通，能够像"透明的眼球"（transparent eyeball）一样全面、彻底地感知整个宇宙。

在接受马歇尔的采访时，李立扬表示："诗歌产生于——在语言上——与宇宙心灵（universe mind）相连接的需求……一种实现了360度观察（360-degree seeing）的心灵……当诗人写诗时，他正在与其最高本性（hightest nature）对话，他真正的自身，即宇宙。"[73]在另一次访谈中，李立扬又说："他（爱默生）正在书写……360度全视角的句子……他的每一句、每篇散文，都是对宇宙心灵的命题。"[74]在上面引述的两次访谈和诗文选段提到的"爱默生"、"透明"、"灵魂"、"超验"等词中，我们不难看出爱默生及超验主义思想在李立扬身上的巨大影响以及李立扬多次提到的"360度观察"、"透明的灵魂"、"宇宙心灵"与爱默生的著名隐喻"透明的眼球"、"超灵"、"宇宙精神"等概念之间的相似性和思想渊源。这也是李立扬与其他华裔诗人最为不同之处，他不仅承袭了西方文学传统，更吸收了催生这些文学传统的哲学思想。通过"吃下"这种独特的思想碰撞方式，李立扬继承了爱默生及其超验主义思想，同时又以其为基石，成功建立了自身充满玄学色彩的诗歌理论和艺术观念。

在《打破雪花石膏坛：与李立扬的对话》一书中，李立扬曾表示："作为诗人……你想和惠特曼、迪金森以及所有其他诗人肩并肩。"[75]他又指出："我感兴趣于诗歌中联系的精神血统（spiritual linage）——通过艾略特、唐恩、洛尔迦（Lorca）、杜甫、聂鲁达（Neruda）、《诗篇》作者大卫（David the Psalmist）。"[76]这将惠特曼、迪金森、艾略特等诗人紧密联系的"精神血统"即是西方文学传统，它对包括李立扬在内的所有华裔诗人都产生了巨大的影响：从《荷马史诗》中的尤利西斯（《喜悦侧影像》，第28页和第176页；"WODE SHUOFA"，第12页）到莎士比亚（William Shakespeare，1564—1616）的"奥赛罗"（《喜悦侧影像》，第29页）、从乔纳森·斯威夫特（Jonathan Swift，1667—1745）的"天空之城"（Laputa）（《喜悦侧影像》，第102页）到雪莱（Percy Bysshe Shelley，1794—1822）的"云雀"（《成为诗人》，第3页）、从赫尔曼·梅尔维尔（Herman Melville，1819—1891）的"白鲸"（《凤去台空》，第18页）到威廉·卡洛斯·威廉斯（William Carlos Williams，1883—1963）的"红色手推车"（《凤去台空》，第17页）再到艾略特（T. S. Eliot，1888—1965）的"荒原"（《算命者没说的》，第53页），华裔美国英语诗歌中出现了古希腊，英国文艺复兴时期、启蒙时期、浪漫主义时期，美国浪漫主义时期、意象派、现代主义时期等各个阶段的著名文学典故意象。这些典故证明了华裔诗人对"诗歌中联系的精神血统"的归属，是西方文学传统在华裔诗人身上得到继承和延续的最佳明证。

三、美国华裔文学传统的开创

华裔诗人是一个幸运的群体，他们坐拥双重文化背景，能够从中西两个文学宝库中汲取营养。但不能忽略的是，华裔美国英语诗歌中出自中西两个文学传统的典故意象又具有自身的特点。

华族文学典故意象多出自春秋时期的孔子、老子、《诗经》，战国时期的孟子、庄子，东晋的陶潜，汉代的《乐府》，宋代的苏轼、梅尧臣，唐代的杜甫、李白、王维、白居易、李贺、李商隐等作家作品。这些典故的历史时期相对而言比较集中，主要为先秦两汉时期和唐宋时期，尤以唐朝的李白和杜甫两位诗人为最，明清时期比较少见，中国现当代作家及文学作品更是罕见（只有艾青曾出现在陈美玲的诗集《矮竹》中）。

华族文学典故意象多集中在先秦两汉及唐宋时期这种现象与华裔诗人的本土经验不无联系。华裔诗人生于美国、长于美国，接受的是美国白人文化和英

● 第四章　意象塑造：文化记忆与本土经验的交叠 ●

语语言的教育。他们既缺少与中国的直接联系，更无力掌控阅读华族文学作品的工具——汉语。这必然导致华族文学系统教育的缺失。华裔诗人们的华族文学知识多是根据父母长辈的文学记忆讲诉、引导而获得。李立扬就曾回忆："我父母都受过古汉语教育，他们必须背诵唐诗三百首。我听着父母背诵汉语诗歌长大。亲眼见证那诗歌能使人流泪……那对我而言非常重要。"[77]这充分说明，对华裔而言，华族文学是"世代存于我们文化中"的一种记忆，是文学与文化的记忆。

因为华裔诗人身处异质文化语境之中，对华族文学缺乏系统、整体的了解，他们的华族文学记忆自然是不完整的，而是呈现出片段性、碎片化的特点。先秦两汉时期和唐宋时期可以说是华族文学史上的两个巅峰时期，诸子散文和唐诗宋词更是辉煌、美好的华族文学代表。它们既是华裔诗人的父母先人最熟悉和最珍视的，又是白人英语读者最易理解和最认可的，更是在世界范围内影响最广和最能引发华裔诗人自豪感的华族文学。正是由于这几方面的原因，诸子散文和唐诗宋词可以说是最基础、最具代表性的华族文化记忆碎片，进而成为华裔美国英语诗歌汇中华族文学典故的主要来源。

与作为文学记忆碎片的华族文学典故意象不同，华裔美国英语诗歌中的西方文学典故意象更具系统性和连贯性。这种差异的产生同样与华裔诗人群体的本土经验有关。

在《传统与个人才能》（"Tradition and the Individual Talent", 1922）一文中，艾略特曾指出：

> 历史的意识促使人写作时不局限于自己那一代，而是要意识到从荷马以来的欧洲及其国家的文学整体也同时存在……没有人具有独属于他的意义……现存的里程碑作品自身组成一个理想的秩序……诗人必须要去深刻感觉那主要的潮流。[78]

艾略特认为，一方面，作家不可能"具有独属于他的意义"，任何文学作品都无法完全独立于"文学整体"之外；另一方面，作家应该具有"历史的意识"，创作时不应仅仅"局限于自己那一代"，而是从具有悠久历史的"文学整体"中汲取营养，感受"主要的潮流"。也就是说，作家非但无法摆脱之前文学的影响，反而更应该主动去"感觉"、承袭那文学传统。

不应忽略的是，艾略特并非肯定所有文学，他推崇的文学传统应该是"从荷马以来的欧洲"的"里程碑作品"所构成的那个"理想的秩序"和"主流的潮流"。虽然这一看法带有难以掩饰的西方中心主义和种族主义色彩，它却也成为了美国主流的文学意识形态，并最终演化成了华裔诗人所处的现实创作环境。如果华裔诗人想跻身主流文学圈，他们就必须要融入到那权威性、垄断性的西方文学传统之中。因此在华裔英语诗歌中，我们时常能见到华裔诗人对西方文学典故的引用和文学传统的继承（见表4-5）。

表4-5 华裔美国英语诗歌中出现的英美作家列表（以姓氏字母为序）

萨缪尔·贝克特（Samuel Beckett, 1906—1989）	爱尔兰著名作家、评论家和剧作家，诺贝尔文学奖获得者（1969）。	"WODE SHUOFA"第3页
威廉·布莱克（William Blake, 1757—1827）	18世纪英国浪漫主义诗人。	"WODE SHUOFA"第16页
约翰·邓恩（John Donne, 1572—1631）	17世纪英国玄学派诗人。	《纯黄狂想曲》第82页
艾米莉·狄金森（Emily Dickinson, 1830—1886）	19世纪美国著名女诗人，被追认为现代主义先驱。	《乐土》第62页
拉尔夫·爱默生（Ralph Waldo Emerson, 1803—1882）	美国思想家、文学家，诗人，超验主义的代表人物。	《我爱你的城市》第83页
艾伦·金斯伯格（Allen Ginsberg, 1926—1997）	以"别把疯狂藏起来"为美学宣言的美国诗人。	《算命者没说的》第67页 《成为诗人》第9页
约翰·济慈（John Keats, 1795—1821）	杰出的英诗作家之一，也是浪漫派的主要成员。	《纯黄狂想曲》第82页
弗吉尼亚·伍尔芙（Virginia Woolf, 1882—1941）	被誉为20世纪现实主义与女性主义先锋的英国女作家。	"WODE SHUOFA"第3页

从西方文学源头的《荷马史诗》、希腊神话和《圣经》经文艺复兴、启蒙运动、浪漫主义等时期一直到近现代的作家作品，华裔美国英语诗歌几乎涵盖

了整个西方文学史（以欧美为主）的经典作家作品。

这些西方文学经典的背后是密不可分的权力关系。福柯就曾"惊讶地发现"："在人文学科里，所有门类的知识的发展都与权力的实施密不可分"。[79]对身处异质文化语境中的华裔诗人而言，与承袭华族文学传统的自由与淡然不同，西方文学传统更多了一分主流白人意识形态与权力关系的运作与操控。"从荷马以来的欧洲""里程碑作品"所构成的那个"理想的秩序"和"主流的潮流"是来自不同文化背景的少数族裔作家无力规避也无法跳脱其外的创作大环境。

一边是作为文学记忆的华族文学传统，一边是作为现实语境的西方文学传统，中西两个文学传统虽然在华裔美国英语诗歌中的用典性质和形式不同，但皆产生了巨大的影响。这两种文学传统在华裔美国英语诗歌中相遇、对话、冲突、协商、平衡，催生了一种新的文学形式和文学传统。

在《追求无限》（"To Pursue the Limitless"）一诗中，陈美玲这样写道：

> You were faithful to the original
> You were married to the Chinese paradox
>
> 美言不信　信言不美
>
> Beautiful words are not trustful
> The truth is not beautiful.[80]

选文共出现老子《道德经》和约翰·济慈的《希腊古瓮颂》（"Ode on a Grecian Urn"，1819）一中一西两个文学典故。在选文的汉字部分中，诗人将《道德经》中"信言不美，美言不信"一句进行了句法调整（syntactic alteration），前后半句颠倒放置。选文英文部分最后一行"The truth is not beautiful"（真不美）出自《希腊古瓮颂》中广为流传的名句"Beauty is truth, truth beauty"（"美是真，真美"）。[81]对比老子和济慈的原文，我们发现陈美玲的诗行实际上对这一中一西两个文学典故都进行了改写。此外，汤亭亭的《木兰辞》，刘玉珍的《荒原》、《道德经》，陈美玲的《凤去台空》，林小琴的《等待戈多》等许多华裔美国英语诗歌中出现的文学典故都留下了诗人们改写、挪用的痕迹。

无论是作为文学记忆的华族文学传统还是代表现实语境的西方文学传统，两者在华裔诗人身上都具有均衡的影响性和渗透力。另外，由于语言、意识形态等文化背景的殊异，中西两种文学传统又彼此不同，相差甚远。当具有同样的影响力却又差别巨大的两股力量相遇在华裔美国英语诗歌中，对话、协商甚至冲突、斗争等一系列的文化交流、交锋活动早所难免。为了避免这文化斗争与意识形态交锋所产生的巨大冲击力反噬自身，更为了发挥自身双重文化背景的优势，华裔诗人开创了新的文学传统——华裔文学传统。

华裔文学传统以华裔诗人的文化记忆为源、以华裔诗人的本土经验为源，承袭了中西两个文学传统。在承袭的同时，它既拒绝中西文学传统的绝对权威和稳定性，又否认作为文化记忆的华族文学传统与代表本土经验的西方文学传统之间的二元对立，通过对文学典故的挪用、改写和驯化等方法，华裔诗人将原本浑然一体的镜子般的两个文学传统击碎，使碎片混合、杂糅在一起，最后拼贴出仿似马赛克般鲜活生动的文学书写方式。这一新的文学传统既保留了华裔诗人的文化记忆，又不曾忽略他们的本土经验，在两个文学传统之间找到了协调和平衡之处，是一种真正意义上的世界文学。

小　结

本章的研究对象为华裔美国英语诗歌中的文化意象，从食物意象——最必需、最现实的文化记忆、宗教意象——最抽象、最理论的文化记忆和文学典故意象——与华裔诗人作为贴近、最获珍视的文化记忆这三个方面切入，探究华族文化记忆与美国本土经验的交叠与协商对华裔诗人的文化意象书写的影响。

在华裔美国英语诗歌中，饮食是永远的话题。第一节通过重点剖析"柿子"、"苹果派"和"打边炉"三个具有文化代表性的典型食物意象，本书发现，华裔诗人笔下的具体食物意象以及购买、制作食物，甚至"吃"这一最简单基本的生理活动皆非孤立、表面的具象和场景，而总是与华裔诗人的本土经验息息相关，同时又带有展示饮食文化深层次诉求的表意系统，是一种文化记忆与生存环境交叠下的饮食言说。

第二节梳理了华裔美国英语诗歌中以基督教为首、佛教、道教、印度教等多元并存的丰富、繁杂的宗教意象体系，发现绝大部分华裔诗人并非虔诚的宗教信徒，华裔美国英语诗歌中的宗教意象也多非反映诗人们的宗教信仰。这些宗教意象，如梁志英的"耶稣的人"与华人异教徒、女诗人群体的观音等充满了华裔诗人作为异质环境中的少数族裔的本土经验及其文化夹缝中的离散经历的烙印。在本土经验和离散经历的影响下，华裔美国英语诗歌中的宗教意象一改原本神性的信仰对象的特质，具有了全所未有的现实性和现世性。它们是展示诗人群体人生观和诗学理念的美学符号，更是带有本土经验烙印的非信仰的文化符码，具有重要的美学价值和文化意义。

  第三节先后探讨了"月夜"、"沙鸥"、"云雀"、"超验"等著名中西文学典故，发现华裔诗人群体坐拥双重文化背景，继承并延续了中西两个文学传统。在华裔诗人离散经历的影响下，华族文学典故意象多集中在先秦两汉及唐宋时期，是华裔诗人对华族文化记忆碎片的书写；西方文学典故意象更具系统性和连贯性，是华裔诗人无力规避也无法跳脱其外的创作大环境。在承袭中西文学传统的同时，华裔诗人通过对文学典故的挪用、改写、驯化等方法，将原本浑然一体的镜子般的两个文学传统击碎，使碎片混合、杂糅在一起，最后拼贴出仿似马赛克般鲜活生动的华裔文学传统。

第五章

美国华裔诗歌文本个案研究

第一节 永远的孤独、永远的乡愁：
从《埃仑诗集》到《孤之旅》

美国华人是一个特殊的社会群体，他们在美国生活和成长，身上却流着中国的血液，他们双重的文化背景和在美国强势文化中边缘人的身份赋予了美国华人作家们独特的观察视角和写作诉求，因此美国华人文学的研究不仅具有重要的学术价值，还承载着宝贵的社会学、人类学、文化学等学术参考价值。本书对美国早期华人文学中的代表《埃仑诗集》和当代华人诗人王性初的新作《孤之旅》进行了分析，以两部诗集中的"孤独"和"乡愁"基调为突破口，试图通过比较阅读发现这两个时期美国华人文学的特点。本书认为早期美国华人文学的孤独、思乡的感情基调中夹杂了诗人作为弱国劳工的无助、愤懑、离家的无奈与悔意，而以王性初为代表的新一代华人作家的孤独与乡愁中融合的是其作为离散者及有责任心的知识分子的对人类命运的终极关怀，以及在各种异质文化中徘徊、学习、努力求得精神平衡和心灵港湾的渴望。在强调多元文化共存的今天，分析作品中透露出来的两种文化之间的接触、碰撞、摩擦、交流，可以帮助我们更好地认识两种文化之间的异同，对促进中美文化共同繁荣提供一些借鉴。

一、《埃仑诗集》

早在1996年,纽约市与纽泽西州曾对簿公堂,争夺有着"眼泪之岛"之称的艾利斯岛(Ellis Island)的主权。艾利斯岛位于美国东海岸,因其欧洲移民站的历史和岛中耸立的自由女神像而闻名于世。而同样在美国移民历史上具有重要纪念意义和象征性的另一个早期移民入关大门——天使岛(Angel Island)则相对寂寥得多。天使岛在1910年至1940年期间被移民局选用,拘留和审查经由太平洋进入美国的大部分亚裔移民,其中华人占大多数。在这30年中,约18万华人移民曾被羁押在岛,接受少则数周多则数月数年的移民身份合法性的审核。这些移民在拘留期间(the detainment),为了抒发其心中的"屈辱、酸楚、辛劳、苦难、向往"而在墙上书写或镌刻了数百首汉语诗歌。[1]18 1975年,华裔学者麦礼谦(Him Mark Lai,1924—2009)、林小琴(Genny Lim,1946—)和杨碧芳(Judy Yung,1946—)整理、翻译了其中的135首诗歌,并出版了中英文对照形式的《埃仑诗集》(*Island: Poetry and History of Chinese Immigrants on Angel Island*, 1910—1940)。

这本诗集的历史意义和文学价值正如负责新一轮的"天使岛诗歌"整理工作的学者王性初所说的那样:"用今天的标准衡量,也许够不上一流的水平,但是,因为它的存在,奠定了美国早期华文文学的一块无法替代的基石。"[2]一位曾经囚困于天使岛的中国移民也曾说:"那里的许多人都不懂写诗。他们没有受过很好的教育,不过知道一些诗歌的规则。你不能说这些诗很好,但是它们表达了真情实感。它们是海外华人的作品,因此也是中国海外华人历史的组成部分。"[3]136

诗集的主体共分五个部分,按照主题和内容分别是"远涉重洋"(The Voyage,第1—11首)、"羁禁木屋"(The Detainment,第12—33首)、"图强雪耻"(The Weak Shall Conquer,第34—46首)、"折磨时日"(About Westerners,第47—56首)和"寄予梓里"(Deportees, Transients,第57—69首)。[4]而纵览全书,笔者发现各部分诗歌的主题和内容并非编者所划分的那样明晰,多是你中有我,我中有你,而且在各个内容下始终涌动着一股潜流,那便是天使岛许许多多不知名的诗人集体诉说的孤独与乡愁。

中国历来有羁旅怀乡的传统，早期华人移民更是经历了巨大的环境变化：从熟悉的乡土迁徙到陌生的国度，从列强欺凌的弱国奔波到气势凌人的强权。他们怀揣着一个个美国梦，为了摆脱贫困的家境，历经千辛万苦，漂洋过海来到美国，不想刚刚下船就被拘留到天使岛的木屋中，每天空对着旧金山的海岸却无法登岸，不免感叹：

   "番奴苛待真难受，感触家境泪双流。"[5] （第 7 首）
   "思及家中事，不觉泪沾滴。" （第 15 首）

在拘禁期间，华人移民们终日无所事事，等待移民审查官（immigration inspector）的传讯，传讯过后还要等待审查盘问（interrogation）的结果。这种单调、无聊却又提心吊胆的日子让他们对远在千里之外的亲人无比想念：

   "意好子娘云欲远，月明偏受夜更长。" （第 21 首）
   "椿萱倚门无消息，妻儿拥被欢孤单。" （第 34 首）

美国社会学家施墨霍斯曾定义族裔为"一个有着真实或假设的共同祖先（也就是有着像殖民、移民、入侵或者奴隶制这样共同的渊源或历史经验的记忆的）群体；一个有着共同的被分离、被命名的群体意识；一个有着作为族群的一个或多个象征物缩影的文化聚焦。"[6] 155-156 对于身处美国异质文化语境中的华人移民而言，他们有着同样的天使岛拘禁的经历，而且其共同的文化聚焦便是千里之外的想象、记忆中的故国、故乡：

   "梦绕三匀归故里，肠迴九曲伪西欧。
   时运不济空自闷，命运多阻共谁忧？" （第 29 首）
   "木屋闲来把窗开，晓风明月共徘徊。
   故乡远忆云山断，小岛微闻寒雁哀。" （第 38 首）
   "抛离乡井别椿萱，远盼云山泪盈珠。" （第 43 首）
   "千古舍愁千古恨，思乡空对望乡台。" （第 55 首）
   "蓬飘外国，永遭羑里之囚；

离别故乡，频洒穷途之泪。"[7]　　　　（《木屋拘囚序》，第143页）

思乡的一个主要原因便是孤独。"梦绕三匀归故里……命运多阻共谁忧？"从某个角度来说，孤独与思乡是相生相成的：因为孤独而思念家乡和亲人，思念过后却又倍感孤独。美国早期华人移民多是来自广东省的三邑（南海、番禺、顺德）、四邑（恩平、开平、台山、新惠）、潮汕（潮州、汕头、揭阳）等地区，操着各地不同的方言。而且为了顺利通过审查，多数人都会准备大量而详细的审讯问题的资料，因此他们时刻担心自己的秘密暴露而有意避开别人。一位年仅12岁时曾被拘禁在天使岛的王先生说："我根本就没有机会看它们（审讯资料），因为你一直处在人群中，并且你无法相信任何人。"[8]44 正是由于不同的方言、严苛的审讯制度以及恶劣的生活环境，天使岛移民的心中始终充满戒备，不肯相信任何人，或将孤独、苦楚埋在心中，或是书写诗歌抒发心中无限感慨：

"夜静微闻风啸声，形影伤情见景咏。
云雾潺潺也暗天，虫声唧唧月微明。
悲苦相连天相遣，愁人独坐倚窗边。"　　（第13首）
"举目谁欢惟静坐，关心自闷不成眠。
日永樽空愁莫解，夜长枕冷倩谁怜？
参透箇中孤苦味，何如归去学耕田？"　　（第32首）
"冤情满腹凭谁诉？徘徊搔首问苍天。"　　（第50首）
"兄弟莫通一语，远隔关山；
亲朋欲慰寸衷，相离天壤。"　　　（《木屋拘囚序》，第144页）

除了"倩谁怜"和"凭谁诉"的直接叩问外，诗句中的"云雾潺潺"、"虫声唧唧"、"夜长枕冷"等情景描写也愈加衬托出诗人的寂寥、忧伤、孤独。这些作品中流露出的忧伤孤独，反映了早期华人移民像孩子迷失在雾霭中般无助的心灵。

著名华人女作家严歌苓曾说过："移民，这是个最脆弱、敏感的生命形式，它能对残酷的环境作出最逼真的反映。"[9]276 由于语言的不通、文化的鸿沟、国力的不平等等因素，20世纪前半叶的美国早期华文文学弥漫着华人移民对故乡和亲人的想念以及拘禁经历中的孤独、痛苦，这些感情基调都是早期"金山客"对社会现实最真实、本能的回应。诗集的"Introduction"部分就指出，三位编者所采访的32位幸存的天使岛移民起初都不愿去回想他们在天使岛的痛苦拘禁经历，但是编者最终努力求得他们的同意而采访时惊讶地发现，他们中的大多数竟然仍然对40年至70年前的天使岛生活有着准确、详细、清晰的记忆，这从另一个侧面反映出了相对短暂的天使岛移民拘留所经历给早期华人移民留下了多么痛苦、难忘、深刻的伤痕。[10]9

二、《孤之旅》

诗人王性初于20世纪80年代末从中国大陆移民美国，现担任美国《中外论坛》杂志总编辑、《美华文学》杂志副主编。他一直坚持用汉语写作，现已出版四本诗集。[11]本书研究的《孤之旅》收录了诗人从1988年到2003年书写的86首诗歌。正像凌鼎年对诗集所做的统计显示的那样，整本书中出现频率最高的便是漂泊、归宿、匆匆、遥远、寂静、浪迹天涯、孤独等词汇。[12]32不论是在"二万英尺高空"还是在"雨后的华都"，不论是"夜在西门町"还是在南极的"白色世界"中品味着"雪殇"，诗人总是怀着一颗"孤独和漂泊的心观察和思考"身边的这个"繁富的世界"，踏上了自己的"孤独之旅"：[13]6

　　命运将我的孤独注册
　　我总是背着孤独远行
　　又一次跋着寂寞的脚跟
　　告别并不孤独的原来

　　眼睛剩下一只
　　凝视孤独的风景
　　耳朵剩下半副
　　聆听孤独的跫音

那行囊装着陈年的孤独
那信封贮着鲜活的孤独
已经没有其他的空间
可以容纳总是孤独的今天
在二万英尺高空
用花生米与红酒亵渎孤独
将那万种快感千般无奈
统统反刍成孤独的源头。[14]73-74

这首《孤独之旅》是诗人在香港至旧金山的航班中写成的,除此之外,诗集中的许多作品也都是在这种"动态的、离开的、抵达的、过程的、在路上的"状态及感觉中诞生的:游轮、公交汽车、咖啡厅、地铁、移民局……这些写作地点无不反映了诗人那"善于从人类普遍的处境和感受中提炼绵绵不绝的孤独情绪"的能力。[15]11-16

正如刘登翰在诗集序言中阐述的,"孤独的源头最初缘于怀乡"。[16]6在异质文化语境中,当生存被文化地错置的时候,保留记忆深处的文化源头能使华人获得"一定程度的方向感和些许确定性"。[17]49王性初移民时几乎不懂英语,又放弃了国内不错的工作,初到异域,就觉得自己如"蜥蜴"一样"无法龙腾无法虎跃/无法鱼翔无法鹰击"。[18]65整部诗集留给读者的都是诗人那沉甸甸的对故乡的思念和眷恋:

"那里埋葬着我起始的细胞
那里埋葬着我遗弃的胎盘
还埋葬着我尿布的芬香
和我掩饰哭声的奶嘴
以及我青春豆的星星。"[19]30　　　　　　　　　　(《故土》)

王性初兼编辑、诗人、摄影家、散文家于一身,经常出席国内外的各种学术活动,也就有了足够的机会慰藉自己的乡愁和乡恋。在诗集中,不少诗歌就是诗人在回乡期间有感而发写成的,如2001年9月12日书写的《回乡纪事》:

"故乡的体温总是忽冷忽热

将深秋抚摸得反复无常

下半夜的梦老是清醒着

清醒得令人心烦又心痒。"[20]154

王性初于1988年旅居美国旧金山后,每年都匀出时间到世界各地漫游。在远离故土熟悉的风土时,他凭着自己那颗敏感的诗人的心,总是能在异国他乡寻找出故乡的痕迹。在一次澳大利亚和新西兰的旅途中,诗人不经意间在早餐吃到了久违的稀粥,便被勾起了浓浓的思乡之情:

"碗中的白色是故乡的风味

舀一勺送进饥饿的口中

久久地久久地品着

品尝一个亘古不变朴素的血统

品尝一首永不走调清醇的恋歌。"[21]40 (《第十五天是白色的惊喜》)

诗人本是感性的动物,而且中华民族又有着几千年的文化积淀和血脉传承,王性初自然有着一种"难以改变的立场",那就是"刻印在诗人心底的民族经验和中国目光。"[22]36每一次的旅途所经历的不同的城市、各异的文化使得诗人脑海中故乡的风物益发灵动、清晰,进而投影于眼下的纷繁世界,这种永恒的乡愁正是处于双重文化背景之下的海外华人作家独特的文化印记。

三、《埃仑诗集》与《孤之旅》的比较阅读

从"天使岛诗歌"始诞生的19世纪20年代到王性初诗集《孤之旅》出版的2005年已有近百年的时间了,美国华文文学在这期间取得了巨大的发展。以"天使岛诗歌"为例,在天使岛移民拘留所接收移民的30年(1910—1940)中,移民居住的木制营房墙壁上虽然写满了华文诗歌,但却从未有人关注。二战期间,营房被美国军方用做军事基地,此后的25年一直处于荒废状态,无人问津。20世纪60年代的民权运动使美国社会中的少数族裔得到了巨

大的发展空间，并进一步催生了 80 年代众多学术组织机构对少数族裔文学的逐渐关注，"天使岛诗歌"方于 1970 年被发现，1980 年被整理出版，而且仅仅十年之后就入选了主流的美国文学选集《希斯美国文学选集》（*The Heath Anthology of American Literature*，1990）。[23]

同样的，在这一百年中，包括华语诗歌在内的美国华文文学的主题、题材、形式、语言也发生了巨大的变化，但是正如本书所分析的两部诗集所反映的那样，海外游子在异域的孤独、思乡仍然得到了一代代诗人的唱和。这是因为他们都离开了一个"情感上认同"的家，从熟悉的环境迁移到一个陌生的环境。华裔学者王德威曾指出："'故乡'定义的产生肇因于故乡的失落或改变，也尤其暗示了原乡叙事行为的症结——叙述本身即是一连串'乡'之神话的转移、置换及再生"。[24]227 和故乡相比，异域不同的语言、文化、种族、生活习惯等方面使得移民们的心中不免产生强烈的孤独感和漂泊感：或是"离宗千里远"，"孤身飘零到此处"，"木屋孤衾倍寂寥"，"登楼感慨思故乡"；或是"只有倒影作伴"，"背着孤独远行"。[25]

人们常说有一千个读者就有一千个哈姆雷特，虽然两部诗集中同样洋溢着孤独和思乡的感情基调，但是细细品味，它们又大有不同。

自 19 世纪中叶起，中国南方沿海居民开始以廉价劳工的身份大量迁往美国，既有着国弱家贫的无奈，也出于"粤闽族群以出洋打拼为文化传统的历史因素"。[26]5 有些移民为了实现心中的美国梦，或是抵押房屋，或是出卖土地，更有一些人是筹集了大批借款才能凑足路费，实实在在是付出了巨大的代价，顶受着巨大的压力。但是他们到了美国之后，却要在天使岛接受长期且痛苦的折磨：华人视之奇耻大辱的当众裸体体检、长期变相监狱式不得自由的拘禁、移民局官员的种族歧视对待、恶劣的饮食及居住条件……早期移民充分感受到了弱国劳工的悲哀与无奈，或是感慨国家的软弱，"眼看故国危变乱，一夜飘零倍感长"；或是厌恶天使岛严酷的审查制度和恶劣的生活条件，"番奴苛待真难受"；或是思及亲人，抒发淘金无望的感慨，"感触家境泪双流"；或是于逆境中产生卧薪尝胆的图强决心，"振威于蛮夷"，"定斩胡人草不留"，或是后悔背井离乡，远离亲人，"愿回祖国负耕锄"。不难看出，由于上述种种因素，早期华人移民的孤独、思乡的感情基调中夹杂了诗人作为弱国劳工的无助、愤懑、离家的无奈与悔意，这也是《埃仑诗集》反映出的早期美国华人文学的特点。另外,编者们曾指出,编撰此书的目的就是在保存这些诗歌的同时进而保留这段美国早期华人的历史和记忆。因此他们在书中附加了长达28页的"介绍"(Introduction)、天使岛幸存者的采访资料和附录的66首诗歌,对天使岛及其历史、"天使岛诗歌"的发现过程、早期移民在天使岛的生活经历和诗歌创作等多个方面进行了介绍。这就使得诗集整体的文学色彩相对减弱,而史实和纪念意义更加突出。

王性初移居美国时的中国是一百年前那个列强欺凌的旧中国无法相比的,而且诗人受过良好的教育,有着不错的工作,在国内外诗坛都取得了不小的成就,移民的直接原因便是他的异国婚恋。因此,王性初的诗歌并没有早期华人移民那作为弱国劳工的无助、愤懑和离家的无奈与悔意。他的漂泊是自我主动选择而来的,认为自己"命运的家园是浪迹一生":上海、希腊、南极、台北、纽约、华盛顿、福州、旧金山、北京、香港、巴黎……诗人总是结合各地不同的历史、文化背景进行思考,对世界范围内的战争、人际关系的冷漠、种族歧视、暴力等社会问题给予关注,在不停的漂泊中反思自己"精神漂泊"的生命历程。他"远踏南极只为寻回生命的空白",他"宁愿孤独"来"享受生命之轻"。他的孤独与乡愁中融合的是作为其作为离散者和有责任心的知识分子的对人类命运的终极关怀,还有他在各种异质文化中徘徊、学习、努力求得精神平衡和心灵港湾的渴望,他的作品为华语诗歌的创作提供了新鲜的艺术经验。

今天,包括华文文学在内的离散文学等"世界性写作"正在为越来越多国家的写作者所身体力行。这一转向为本论题的继续研究提供了方向,而它所代表的对世界家园的关注和对全人类生存问题的思考是美国华文文学的终极价值所在。

第二节　论李立扬诗歌的画面感及其产生原因
——以诗集《玫瑰》为例

李立扬(Li-Young Lee,1957—　)是美国华裔中取得最高成就、获得最广泛主流社会认可的当代诗人,他著有诗集《玫瑰》(*Rose*,1986)、《我爱你的那座城市》（*The City in Which I Love You*，1991）、《我的夜晚之书》（*Book of My Nights*，2001）、《在我的眼睛后面》（*Behind My Eyes*，2008）和自传《长翅膀的种子》（*The Winged Seed*：*A Remembrance*，1995）。他曾先后荣获德尔默·施瓦茨纪念诗歌奖（Delmore Schwartz Memorial Poetry Award，1987）、美国图书奖（American Book Award，1995）、威廉斯奖（William Carlos Williams Award，2002）、美国诗人学院会员资格（Fellowship of the Academy of American Poets for distinguished poetic achievements，2003）、美国国家艺术基金会资助基金（the National Endowment for the Arts）等20余项艺术奖项。不仅如此，李立扬的许多诗篇还进入了美国的大学课堂，许多大学都开设了包括诗人作品在内的华裔美国文学等方面相关的课程。一些标志性的文学选集，例如1998年版的《诺顿美国文学选集》（*Norton Anthology of American Literature*）也收录了诗人的《礼物》（"The Gift"）、《柿子》（"Persimmons"）等多首诗篇。总的来说，李立扬在美国的主流诗坛和文学界已经得到了充分的认可。但可惜的是，由于译介及相关汉语研究资料稀少等诸多原因，大陆学界对李立扬的研究不多，而且仅有的研究成果也多是将他置于整个华裔或亚裔美国诗人群体中进行评述。因此，对李立扬及其诗歌的研究有助于弥补华裔美国文学研究中诗歌研究相对缺乏的现状，对华裔美国文学整体的学科建设也有重大的理论意义。

一

著名诗人杰拉德·斯特恩（Gerald Stern）在为李立扬的诗集《玫瑰》写的序言中就曾指出，李立扬诗歌的重要题材和神秘魅力就是其对一个强大的、固执的、遥远的、热诚的、慈爱的父亲的理解和接受。[1]9这为我们理解和研究这部诗集提供了一个视角，纵观《玫瑰》全集，它共收录了25首诗歌，其中与父亲相关的就高达17首之多。

产生这一现象的原因可以在诗人接受马歇尔（Tod Marshall）采访时的回答中找出答案："无论出于哪种原因，一个艺术家都必须发现与自己的'存在'对话的方式。这是至关重要的"。[2]28对李立扬而言，他存在的最直接根源就是生他养他的父母亲，从这个角度来看，书写双亲可以说是他与"最真的自我"（his truest self）对话的最直接、最简单的方式。[3]131这也就解释了诗人为何在作品中不断地书写和寻找着父亲：

我在你的鞋子里找你。
一无所获
有的只是雨水
我穿上你的衬衫、你的裤子,
我把你的毛衣据为己有
……
我在时间里搜寻你的踪迹,结果被雨水浸透。
我在牛奶里、食盐里、冷水中寻找你
有的只是雨水。[4]60-61

在诗人创作诗集的时候,他的父亲已经在经历了数年失明的苦痛后去世,将永远的遗憾留给了诗人,而诗人一时无法释怀于父亲的先逝,他才像引文中描写的那样不断地寻找:在父亲的遗物中寻找、在时间中寻找、在周遭的生活环境等一切可能、可以搜寻的角落中寻找,试图寻回缺失的父亲和随之丧失的父爱。

华裔学者徐文英(Wenying Xu 音译)在《美国亚裔诗人》(*Asian American Poets: a Bio - Bibliography Critical Sourcebook*, 2002)一书中曾指出,李立扬的诗歌描绘了他人生的两个阶段:在第一个人生阶段中,诗人是一个被父亲温柔疼爱着的孤独男孩;在第二个人生阶段中,诗人是一个不断寻找的年轻人,因为心中充满对父亲的记忆而更加疼爱妻儿。[5]206可见,李立扬的这两个人生阶段都是与他的父亲息息相关的。当诗人在现实世界中苦苦寻找父亲而失败后,他就转向过去的回忆,重温他那"被父亲温柔疼爱着的孤独男孩"阶段,试图通过描绘记忆中的父亲而实现与他自身"最赤裸的灵魂"(most naked spirit)的对话。[3]132因此,在《甜蜜的重量》("The Weight of Sweetness")等诗篇中,诗人就多次描写了童年时与父亲相处的场景:

他们快活地颤栗着;
父亲从儿子脸颊拿开
一片绿叶
宛如落下的一个吻。[4]20

上面两处引文折射出的是李立扬理解父亲的两个途径：现实生活中的不停追寻和脑海里的无尽回忆，它们也是诗人通过理解父亲进而实现与自身对话的两种方式。在脑海中的父亲的记忆和现实生活中父亲的缺失这两种生存状态的对比下，诗人实现了对父亲的理解，也完成了他对自身存在根源的理解。由此，诗人实现了对父亲的接受，也实现了对自身存在的认同。这种接受和认同的表现便是对自身与父亲的合二为一的书写：

> 我父亲的头发
> 绽开，一束发
> 刺穿了我左脚的鞋底，向上
> 射进骨头，穿越肋骨，
> 到达破碎的心脏，开始缝合。
> 然后向下
> 在胃和鼠蹊里漩流，接着向下，
> 穿透右足。[4]23

就像引文中描述的那样，儿子和父亲之间有着天然的情感和血脉的紧密联系，诗人认识到了父子之间这种深厚的联系，实现了对父亲、对自身的顿悟："有儿子的地方，就有父亲。／如果有爱，就没有遗忘"。[4]42 到这里，李立扬实现了一个漫长而又复杂的与自身对话的过程：追寻父亲、现实生活中追寻不到而转向回忆父亲、最后通过顿悟而实现父子合二为一。正是因为这一过程的漫长性与复杂性，才催生出了李立扬诗作中对父亲的大量描写。一方面，这种通过书写父亲而实现自身的定位和认同的写作方式既普通又特殊。普通是因为这种对父子之间"血缘的维系，文化、精神的传承关系"的描写在华裔美国文学整体中相当广泛，是华裔美国文学的典型母题之一。[6]4 另一方面，李立扬对父亲的描写一位其个人独特的经历和气质而具有别样的张力和丰采。

二

在诗集《玫瑰》中，除了大量有关诗人父亲的描写之外，许多诗篇还可以发现一个统摄全篇的中心意象。"意象"这个术语在东西方文论中的定义都比较混乱。例如《现代汉语词典》就将"意象"解释为"意境",并将"意境"解释为"文学艺术作品通过形象描写表现出来的境界和情调"。[7]1367在英语中,"意象"的对应词为"image"或"imagery",这两个单词既可以表示"人物",也可以表示"形象"等其他意思。因为本书的"意象"这一术语主要用来研究李立扬的诗歌作品,因此笔者将其界定为相应的概念:意象是指诗歌中熔铸了作者主观感情的客观物象,是作者内在的思想情感与外在的客观物象的统一。从这个角度出发,本书中的"中心意象"这个概念也就得到了确立,即诗人在作品中多次使用的、承载着作者相应的思想、情意,并且能够奠定整个诗篇的主题和基调的意象。

诗集《玫瑰》中使用"中心意象"的一个典型代表便是诗作《柿子》("Persimmons")。李立扬在《柿子》的第一节回忆了他小学六年级时因为无法区分"persimmons"(柿子)和"precision"(精确)两词而被老师沃克尔小姐(Miss Walker)责打的事件。但是,诗人在第二节马上就非常详细地指出,他其实是完全懂得"柿子"和"精确"二词的区别的:

> 如何挑选
>
> 柿子。这需要精确。
> 熟的软而带棕色斑点。
> 闻闻底部,甜的
> 必香。怎样吃:
> 把刀放一边,报纸放一旁。
> 轻剥皮,别撕肉。
> 嚼皮,吸汁,
> 咽下。然后吃
> 果肉,
> 如此甜,
> 全部吃下,直达心底。[4]17

接下来,在第五节中,沃克尔小姐将"柿子"称作"中国苹果"(Chinese apple),并让同学们品尝一个未熟的青柿子,同学们因为青柿子那又苦又涩的味道而纷纷撅嘴。在这里,"柿子"这一中心意象可以视作中国文化的象征,被西方社会无辜地误读;老师沃克尔小姐是西方媒体等的代表,自以为熟知中国文化,却不断将错误信息传递给美国民众;由全班同学代表的美国民众则由于心中先在的对华人所持的怪异、贫穷等刻板化印象而对这些信息不假思索,轻易地信以为真。可以说,这几个诗节中的"柿子"这一意象生动形象地展示出了作为华裔儿童的诗人在美国白人学校中的痛苦、孤独、爱的缺失等生存现状。

在第六到第八诗节,"柿子"这一中心意象又多次出现。就在同学们因为青柿子那又苦又涩的滋味而撅嘴后,诗人马上在第六节引出了自己母亲对柿子的不同理解:

> 母亲说每个柿子都有一轮太阳
> 在里边,金黄,闪亮,
> 温暖如我的脸庞。[4]18

"柿子"意象在这里同样有着深刻的意蕴:诗人明明能够准确区分"柿子"和"精确"两词的含义,却仅仅因为不能正确发音而被沃克尔小姐误以为愚笨,受到责打。换句话说,诗人的才华和价值在这个单一语言(英语)、单一文化(白人文化)、还时常带有种族歧视的主流社会中被埋没了,只有母亲和家人才懂得欣赏,知道诗人所拥有的"金黄、闪亮、温暖"(golden, glowing, warm)的内心和才情。受到母亲借"柿子"表达的爱和鼓励的影响,诗人也鼓起勇气,在父亲生病的时候借"柿子"表达了自己对父亲的爱:

> 我递给他那两个柿子,
> 饱满,沉重如悲伤,
> 甜蜜似爱情。[4]18

另外,徐文英还发现,李立扬诗歌中常见的一个主题就是"由爱生爱"(love begets love),这一主题在《柿子》这首诗中也得到了充分的体现。诗人在经历了童年和青年阶段之后,步入了成年阶段,虽然一直缺少主流社会的关注和爱，但家庭的温暖与亲情一直滋润着他。在父母亲情的启发下，他"由爱生爱"，从被爱转而爱人，正如他在诗篇的最后一节感慨：

> 有的东西永远不会离开人：
> 你所爱的人头发的香味，
> 柿子的纹理，
> 在你掌中，那熟透的沉重。[4]19

可见，在诗篇的最后，"柿子"这个中心意象已经由之前的文化符码、表示爱的方式等隐喻，逐渐沉淀成诗人心中永不消失的爱的记忆。

如果将诗篇《柿子》从整体上衡量，我们就可以发现，"柿子"这个中心意象贯穿全诗，将诗人童年在学校、与妻子亲热、日常遇到的语言困扰、父亲生病、父亲失明等场景联系在了一起。纽约大学的学者周晓静（Zhou Xiao-jing）就指出，中心意象使诗人能够对广泛的相关素材进行叙述、沉思和描写（narratives, meditations, and descriptions），同时又不远离中心主题。而且，它还会使场景与场景之间的变化显得自然、流畅，全诗浑然一体。[7]118另外，诗篇中除了"柿子"这个中心意象之外，还陆续出现了"红色小鸟"（cardinal）、"太阳"、"苹果"、"月亮"等其他意象，它们在形状或者颜色上都与中心意象"柿子"相呼应，使读者完全被笼罩在"金黄、闪亮、温暖"的家庭情感之中，而"柿子"这个中心意象所承载的"温暖、沉甸甸的亲情"基调和"由爱生爱"的主题也得以形成。

类似的"中心意象"书写在诗集《玫瑰》的25首诗中频繁出现，例如《永远的玫瑰》（"Always a Rose"）中的"玫瑰"、《来自花朵》（"From Blossom"）和《甜蜜的重量》（"The Weight of Sweetness"）中的"桃子"、《鸢尾花》（"Irises"）中的"鸢尾花"、《坠落：密码》（"Falling: the Code"）中的"苹果"、《我的槐蓝》（"My Indigo"）中的"槐蓝"、《梦中的头发》（"Dreaming of Hair"）中的"头发"、《水》（"Water"）中的"水"……英国精神分析学者罗莎芒德·哈丁曾转引德拉克洛瓦的观点说道："自然是一部辞典；我们在其中寻找自己的词汇、词汇的来源和语源，以及构成句子和故事的一切因素；然而，没人会把这部辞典视作诗人词语意义上的作品……艺术不是自然精确地忠实描绘，而是通过人的心灵来熔炼在自然中所发现的种种元素。"[8]229李立扬在诗篇中所选取的中心意象也是如此，诗人挖掘自然和人的感性，试图从感性世界自身去发掘和建立诗歌和人生的意义；另一方面，他又把所有的感性因素虚化，将它们融入到一个个可以承载、凸现诗篇的基调和主题的至高无上的意象上。因此，这些中心意象是对诗人那微妙得难以言传的感觉、情绪、心理、意识的捕捉，是诗人生命跋涉中的诗性呢喃，也是他灵魂最深处的洞察和私语。因此，在李立扬的《玫瑰》中，"柿子"、"玫瑰"等意象不仅是使诗人在时空的穿越、场景的转换中保持自然、流畅的"统一的物象"（unifying object），更是承载着诗人相应的思想和情意，奠定整个诗篇的主题和基调的"中心意象"（central image）。

三

诗集《玫瑰》中的许多诗篇都有着统摄全诗的中心意象和对诗人父亲的描写。不仅如此，笔者还发现，有关诗人父亲的描写通常是朦胧的、色彩黯淡的，犹如油画中的背景；而中心意象则往往是明亮的、色彩艳丽的，在朦胧的、色彩黯淡的背景衬托下非常夺目，构成了画面的前景。当前景和背景组合在一起时，李立扬的诗歌就产生了强烈的画面感，达到了"诗中有画"的效果。所以，阅读李立扬的诗歌，就如同在欣赏一幅幅手法细腻、意境深远的图画。

短诗《甜蜜的重量》描写的是诗人童年时与父亲摘桃子后回家的情境。诗人在开篇就指出："不容易承受，甜蜜的重量"。在第二节，诗人进一步强调了"甜蜜"那不易承受的重量："歌曲、智慧、忧伤、快乐：甜蜜/相等于这些引力中的任何三样"。"甜蜜"可以说是人的味觉、嗅觉或者心理感受，但它始终都是抽象的，本应无法像具体物品那样可以称量，但诗人却认为它有重量，而且是不易承受的重量。阿恩海姆（Rudolf Arnheim，1904—1994）曾评说过这些知觉特征在诗歌语言中的使用："诗人常常通过突出使之得以表现的知觉特征来表达经验……知觉具象并不排除抽象，诗人并非不加区别地引用具体细节，而是强调那些对他来说能使主题获得艺术想象力的个别特征"。[9]65可见，诗人将原本抽象的"甜蜜"转化为触觉，起到了陌生化的效果，既引发了读者的好奇，又使读者产生身临其境的感觉。

在第三节，诗人对令读者困惑不解的"甜蜜的重量"这一措辞进行了具体的解释：

> 看一个桃子坠弯树枝，
> 拉紧枝条直到折断。
> 拿着桃，体会它的重量，甜蜜。[4]20

诗人寥寥几笔，但读者脑海中却出现了一幅灵动的"树枝上沉甸甸的桃子"的图画。桃子的颜色多是介于红色和黄色之间，"甜蜜"这一心理感觉对应的颜色通常是粉红色，因此整个画面光线色彩艳丽而又明亮。虽然色彩不具有情感，但阿恩海姆始终相信"色彩能够表现感情"。[10]457这几种颜色都属于暖色调，使读者感受到了"桃子"所代表的脉脉温情和生命力的凝聚。但紧接着，诗人笔锋一转，由"甜蜜"快速跳跃至"死亡"和"回忆"，诗歌也转向了下一画面：

> 与死亡如此圆润、舒适于掌中。
> 并且，如此，
> 便有了记忆的重量：
>
> 被风吹，
> 被雨湿透的树枝摇晃，
> 雨水撒在那个男人和男孩儿身上。[4]20

由于文化上的约定俗成，人们看到某种颜色或色组时，总会不由自主地联想到与此相关的感觉，引起心理上的共鸣和情感上的反应。反之亦然。通过生活经历的日积月累，色彩的视觉感已经逐渐与人的大脑中的经验和记忆产生了同构关系，色彩变成了一种抽象的概念，存贮在大脑之中，因此当人们遇到相类似的情境时，脑海中便会下意识地涌现出相对应的抽象色彩。如果我们结合社会习俗和文化，就会发现，"凡是那些感官不能把握，然而又以它们的强大力量给人们造成强烈震动的可怕事物，都是运用黑暗把它们表现出来"，因此"死亡"对应的色彩通常是黑色，"回忆"则通常是灰色。[10]445这两种色彩都是冷色调，它们再一次作用于人的心理，就确定了画面略带悲伤的基调。光影的象征和隐喻也是如此。"死亡"和"回忆"由于宗教和文化方面的影响（例如西方基督教文化中的地狱就是无光的），它们给人的感觉通常是无光的、黯淡的、模糊的。因此，虽然"雨"和"风"同属自然现象，它们给人的感觉或是浪漫或是伤感，因人而异，因时而异，但是在色彩和光影的作用下，诗中的"雨天"给人的感觉是没有阳光、朦胧而又略带伤感，而"风"的侵袭更为这一画面增添了模糊感和沧桑感。

但是在这样的凄风苦雨中，诗人笔锋又一转，带给了读者一丝希望——"一片绿叶"：

他们快活地颤栗着；
父亲从儿子脸颊拿开
一片绿叶
宛如落下的一个吻。[4]20

英国学者玛丽-诺斯·博丹内曾在《视觉心理学》一文中指出："对色彩的研究，只能放在与其色彩环境的关系中，放在分布着色彩的各种形状的共存关系中进行。"[11]107阿恩海姆也指出："各种色彩借助于同时性对比或后象（afterimage）互为映衬或修饰。"[12]92绿色虽然与前面的黑色和灰色同属冷色调，但它们还是有着本质的差异的。色彩的分类多种多样，其中一种方法是按照有彩色与无彩色进行的划分。无彩色包括黑色、灰色和白色三个系列的色彩，有彩色则指黑白灰系列之外的颜色。如果从有彩色和无彩色的角度来分析，"死亡"、"回忆"、"雨"和"风"对应的应该是无彩色系列，而"绿叶"对应的绿色则是有彩色。另外，无彩色系的颜色从物理学的角度看，它们不包括在可见光谱之中，只有明度上的变化，不具备有彩色还具有的色相与纯度的性质，因此无彩色与有彩色的对比属于"零度对比"。正因为如此，在李立扬诗篇产生的画面中，绿色因为与黑色、灰色等无彩色的对比具有了异常鲜艳的观感效果。

从光线的角度来说，阿恩海姆就曾指出："要想使一件物体发出光芒，不仅物体本身需要具备一定的绝对亮度，而且还要使它的亮度超出周围一切物体的亮度水平。"[10]439黑色、灰色和绿色本身都具有一定的绝对亮度,只是在亮度的水平上有所差异。我们在现实生活中都有这样的体验,一个黑色的物体看上去总是比同样大小的有彩色的物体小一些,这是由两种色彩绝对亮度的不同决定的。其次,黑色和灰色是读者的大脑根据"死亡"和"回忆"这些典型事件刺激而形成的抽象颜色,它们在"雨"和"风"意象的作用下更显得朦胧、模糊、虚化;因此它们的亮度和与树叶这个实物结合的绿色的亮度是无法比拟的。概言之,绿色因为与黑色、灰色等无彩色的对比而具有了色彩鲜艳的观感效果,它与实物树叶的进一步结合更是使其充满了生命的力量。这样,"绿叶"这个意象就犹如圣经故事中鸽子给诺亚方舟带回的橄榄枝,在整个黯淡、朦胧的灰黑色画面上闪烁着生命的绿色光芒。

在诗篇的最后一节中,诗人再次描绘了一幅感人的画面:"父亲越来越远的背影"这个朦胧、黯淡的背景,衬托着"诗人手中捧着的沉甸甸的一袋明亮、鲜红的桃子"这个前景,前景和背景在色彩和光影上也都形成了鲜明的对比。与此类似的画面在整部诗集中俯拾即是,比如《坠落:密码》这首诗就描绘了一幅黑夜中的苹果树的画面,再如本书第二部分重点分析的《柿子》的第八和第九节,诗人用"夜晚"、"鬼魂"、"混浊的灯光"、"地下室"、"陈旧的木台阶"、"黑色的手杖"等细节的处理使光线转为黯淡,色彩上也多使用黑色等无彩色;在画面的中心,是诗人递给父亲的礼物:"如爱般甜蜜的"、"金黄、闪亮、温暖的"的柿子。

法国学者莫里斯·梅洛-庞蒂(Maurice Merleau - Ponty,1908—1961)认为艺术家的创作是在实践一种视觉的独特理论:"让事物从他身体里面走进去,灵魂又从眼睛中飘出来,到那些事物上面去游荡。"[13]李立扬就是这样的一位艺术家,一位"画家诗人",擅于运用自己那画家般的眼睛和诗人的语言,给读者制造"一系列的瞬间画面"。这些画面都有着共同的特征,那就是:在描写父亲的黯淡、朦胧的背景上闪烁着明亮而又鲜艳的中心意象。这种色彩和光影的巨大对比使李立扬的诗歌产生了巨大的张力。阿恩海姆曾指出:"杰作常常通过最基本的刺激作用表现出最抽象的意义。"[9]66理解李立扬诗歌中的"最抽象的意义"不妨从《甜蜜的重量》中的"死亡"和"回忆"两词入手。本书的第一部分曾发现,书写父亲是诗人与自身交流的方式,而父亲已经"死亡",在现实生活中无法明确感知,所以诗人与自身交流的途径转变为书写对父亲的"回忆"。"死亡"和"回忆"给人的心理感受是黯淡的、模糊的,而与这两个词对应的"桃子"和"绿叶"等意象则是明亮的、色彩鲜艳的。当这些意象与"死亡"形成对比时,它们让人体会到生命的温暖与力量;当它们与"回忆"相对立时,它们象征着真实而又美好的现实生活。画面上色彩与光线的对比,明丽与浊黯的交织,如同生与死、回忆与现实的并置与交融,喻示着生命繁盛—枯萎—繁盛的过程,使情与景达到了完美的结合。

四

英国著名浪漫主义诗人华兹华斯(William Wordsworth)有一句名言:"一切好诗都是强烈情感的自然流露(the spontaneous overflow of powerful feelings):它源于情感,但在平静中回忆(recollected in tranquility)。"李立扬的诗歌就是这样,它是诗人情感、气质和思想的表现。通过这些诗篇,我们读到了一段独一无二的心灵旅程。上文的分析曾发现:李立扬的诗歌有着强烈的画面感,且画面常常具有"黯淡、朦胧的背景上闪烁着明亮而又鲜艳的中心意象"的特点。在这一部分,本书试图分析诗人作品中画面感和画面独特的表现形式这两个方面的产生原因。

李立扬曾先后就读于匹兹堡大学、亚利桑那大学和纽约大学,但一直没有获得硕士学位。大学毕业后,在诗集《玫瑰》出版的1986年,诗人在一家时装配件公司(fashion accessories company)工作。他的大哥李立中在纽约的迈哈顿地区经营着一家珠宝公司,二哥李立林是美国现代派画家,弟弟李立恩则在广告公司工作。可见,诗人一家四兄弟都是才艺兼备,他们所从事的工作都与绘图设计有关,这样的家庭环境和工作经历不可能不对诗人的创作产生影响,但这也许是最简单却最容易被忽略的一个原因。

李立扬诗歌中画面的表现形式通常是"黯淡、朦胧的背景上闪烁着明亮而又鲜艳的中心意象",这种形式与西方传统的基督教绘画有着相似之处。图5—1是16世纪的意大利画家丁托列托(Iacopo Robusti Tintoretto, 1518—1594)创作的宗教题材的油画——《上帝创作飞禽走兽》(Creation of Animals),画的中上部是上帝,左上方是天空中飞行的鸟类,左下方是海洋中游动的鱼群,图的中下方和右部是陆地和树林,其中遍布各种各样的动物。如果从整体上看,画面大部分的光线是黯淡的,色彩也以黑色、灰色等无彩色居多，但是上帝这个核心画面形象非常明亮，闪耀着光芒，红色的长袍在周围场景的衬托下色彩鲜艳、格外醒目。

图5-1　丁托列托代表作品——油画《上帝创作飞禽走兽》

可见，李立扬诗歌中的画面感与宗教绘画在光线和色彩的使用上相类似，这种宗教色彩的形成可能与两个方面的原因有关。李立扬的全家移民到美国之后，先是居住在宾夕法尼亚州的匹兹堡市，当他的爸爸在匹兹堡神学院毕业之后，全家又搬至宾夕法尼亚州西部的一个小镇。在这里，父亲担任这个全部由白人教民组成的基督教教区的长老会牧师。在业余时间中，诗人就常常跟随父亲学习、背诵《圣经》，李立扬在回忆录《带翅膀的种子》中还回忆了自己跟随父亲进行教务活动的经历。父亲的工作及他对上帝的虔诚和笃信不可避免地对李立扬的宇宙观和世界观产生了耳濡目染的影响。

诗人在接受采访时曾多次谈及自己的宇宙观。在接受马歇尔的采访时他表示："诗歌产生于人在语言上与宇宙心灵（universe mind）相连接的需求……当我读诗的时候，我感觉我是在体验着宇宙心灵，它可以描绘为360度的全视角观察（360-degree seeing）……这就是我读诗、写诗的原因，去聆听那个声音，宇宙的声音。"[3]130 李立扬在另一次采访中指出："我认为诗人实际上是在体验'总体起因'（totality of causes）。不管怎么说，诗似乎对万事万物有360度或圆球一般的全方位观察。那就成了诗歌意识。换言之，一首诗传递的意识有别于其他形式的意识。"[14]520

在这两次采访中，诗人李立扬多次强调了"宇宙心灵"、"360度全视角观察"和"总体起因"等词汇，这些关键词汇在美国哲学和文学传统中有着深厚和悠久的传统，它们反映了诗人的宇宙观和世界观。拉尔夫·爱默生

(Ralph Waldo Emerson, 1803—1882) 是美国超验主义 (Transcendentalism) 的杰出代表，他在有着"新英格兰超验主义宣言"(the manifesto of New England Transcendentalism) 美称的哲学著作《论自然》(*Nature*, 1836) 中曾说道：

> Standing on the bare ground, —my head bathed by the blithe air and uplifted into infinite space, —all mean egotism vanished. I become a transparent eyeball; I am nothing; I see all; the currents of the Universal Being circulate through me; I am part or particle of God. （我站在空地上，头沐浴在和煦的空气里，仰望着渺邈无垠的天空，小我的一切都消失了。我变成一只透明的眼球；本身不复存在；我洞察一切；"上帝"的精气在我的周身循环；我成为上帝的一部分。）[15]815

在超验主义哲学思想中，精神（spirit）、超灵（Over-Soul）、宇宙精神、上帝等词都是同一的，被认为是宇宙间最为重要的存在因素。爱默生相信，每个人都是上帝的一部分，每个人的灵魂都与宇宙精神相通，能够像"透明的眼球"(transparent eyeball) 一样全面、彻底地感知整个宇宙。可以看出，李立扬多次提到的"360度观察"与爱默生的著名隐喻"透明的眼球"，李立扬的"宇宙心灵"和爱默生的"宇宙精神"、"超灵"等概念都是极为相似的，而且"宇宙"和"上帝"等其他关键词在两者的论述中也是高频率出现。正是因为两者的相似性，学者徐文英就坚信李立扬是爱默生式的超验主义者。[16]129-157 实际上，李立扬的诗句也反映了诗人与爱默生思想的碰撞和联系。在长诗《裂开》("The Cleaving") 中，李立扬写道："我要把爱默生吃掉，他那透明的灵魂，他那/催人入眠的超验学说。"[17]83

李立扬所受的超验主义的影响和他在父亲那里受到的基督教熏陶并不矛盾。实际上，美国超验主义思潮的萌生本身也与基督教有关。在18世纪末19世纪初期，美国基督教中占据正统地位的加尔文教信奉"宿命论"，提倡理性、常识和规则。超验主义者认为这导致了人脑被动地接受知识、印象，然后机械地加以组织、分类，使得宗教信仰变成了简单、机械的颂经布道活动，而非直接与上帝通灵，感受上帝的存在。[18]44 作为对加尔文教思想的反拨，超验主义者号召恢复宗教的虔诚,指出真正的宗教体验应该是凭借"直觉、神秘和想象"与上帝的直接交流。这样看来,李立扬宇宙观中的超验主义色彩也是与基督教文化一脉相承的。所以笔者认为,虽然有学者认为李立扬的宇宙观受到了中国的道家思想和印度文化等方面的影响,但超验主义思想以及基督教文化的影响明显是最为广泛和深远的。

可见,在宇宙观和世界观这一层面,李立扬受到了父亲的工作、宗教信仰以及爱默生的超验主义思想的双重影响,而父亲和爱默生都从属于基督教的文化传统,因此诗人画面所呈现的"黯淡、朦胧的背景上闪烁着明亮而又鲜艳的中心意象"这个特点很有可能是受到诗人的宇宙观和耳濡目染的宗教绘画的影响。

另外,梅洛·庞蒂曾指出:艺术能够将"不可见的"转换为"可见的",同时又把"可见的"转化为"不可见的",实现两个世界间的"双重转换"。[13]在这里,我们不妨将"两个世界"理解为诗人的精神世界与诗歌中表现的外部世界,期望通过分析诗人诗篇中表现的世界来透视诗人的精神世界,研究两者之间的关联。

李立扬于1957年出生在印度尼西亚的雅加达(Jakarta)。在他一岁半的时候,父亲被苏加诺政府作为政治犯逮捕。直到诗人三岁时父亲才从监狱逃脱,全家逃往香港。在接下来的五年中,李立扬随父母辗转于香港、澳门、日本等地,直到1964年才在美国定居。移民到美国之后,李家的家境一直十分贫苦,父亲先是在神学院学习,全家窘迫地寄住在别人家中。父亲从神学院毕业成为牧师之后,家境也没有好转。虽然教会为他们提供免费的住房,但总是要被迫迁居,甚至有时还要居住在贫民区的廉价公寓中,始终没有一个固定的居所。

诗人独特的家庭背景使得他早年的这段经历更加显得苦楚。李立扬有一对不寻常的父母:母亲袁家英是袁世凯六子袁心武的长女,家世背景非常显赫;父亲李国沅也是出身富裕之家,家族经营着企业,还与黑帮有所联系。李立扬的父亲非常有才华,他曾做过毛泽东的私人医生。在50年代的反右派运动时期,李家迁至印度尼西亚。在雅加达,李立扬的父亲担任苏加诺(Sukarno)的医疗顾问,还帮助创立了伽玛丽尔大学(Gameliel University),并在该校教授医学和哲学的课程。但是这样一个有才华、有能力的父亲,却屡屡因为政治原因不得重用,一直流亡:从中国逃到印尼,又从印尼逃到美国。移居美国后,这样满腹才华的父亲只能在一个小镇做着牧师的工作,艰难地养家糊口。

早年的这段居无定所、衣食无着的痛苦经历与诗人独特的家世背景形成了鲜明的对比。这样巨大的反差在普通人的身上都会产生深刻的影响,更何况是像李立扬这样一位心思敏感、细腻的诗人。美国学者沃尔特·海斯福德(Walter Hesford)就认为李立扬诗歌经常出现的一个主题就是描绘"作为难民的创伤经历"(traumatic experience as a refugee)。[19]

心理创伤(trauma)一词最初来源于希腊语的"损伤",原意为"伤"。[20]125 弗洛伊德在《超越快乐原则》(Beyond the Pleasure Principle,1920)一书中将"创伤"引入了精神分析领域,他认为人在"机械性的严重震荡、火车相撞和其他危及生命的事故"之后,就会产生一种"人们早就认识到、并称之为创伤性神经症(traumatic neurosis)的情况"。[21]8 弗洛伊德关注个体因为创伤而产生的创伤性记忆,认为这种记忆会产生"强制性重复"(repetition-compulsion)。[21]14 荣格对"心理创伤"的研究更深了一步。他认为个体具有抵制潜在的心理创伤的防御方式,当心理创伤发生时,个体把不能忍受的经历分配到身心的各个部位,这样被牺牲了的内心世界就会以某种意象形式聚集为一种"情结"。无论是弗洛伊德的"强迫性重复"还是荣格的"情结",它们都是指心理创伤的表现形式,或是对某些动作、情境的重复,或是对特定物体、事件的偏执,两者在本质上其实是有着相似之处的。

现代文学理论中的精神分析批评主要关注个体因为长期的、慢性的、负面的情感积累而造成的心理损伤。著名学者朱利安·沃尔弗雷斯(Julian Wolfreys)就一再强调研究心理创伤一定要注意到创伤的个体性、独特性。[22]127 因为每个个体都以其独特的方式对心理创伤做出反应,这取决于创伤的具体细节,还取决于当事人的个性和经历等因素。艺术家的感受力异于常人,所以他们对外界的事件的反映和内心形成的创伤情感也通常更为强烈,表现的具体形式也是各有不同。李立扬一位敏感、细腻的诗人,他早年居无定所、衣食无着的痛苦经历与其显赫的家庭背景之间巨大的差距对他造成了巨大的心理创伤,他创伤的表现形式也已经反映在他的诗篇之中:大量关于家人的描写和明亮、鲜艳的中心意象。本书的第一部分曾做过统计,诗集中有着大量对诗人父亲的描写,25 首诗篇中竟高达 17 首之多。除了父亲,李立扬的诗歌中还经常出现诗人对其他家庭成员,比如《我深爱的沉睡的人们》("My Sleeping Loved

Ones")一诗就描写了母亲、父亲、姐姐、哥哥、弟弟。此外,诗人在诗篇中多次使用的中心意象也具有特点:柿子、苹果、桃子、玫瑰、水、鸢尾花……这些中心意象多是食物。除了中心意象,其他意象也以食物居多。例如《独餐》("Eating Alone")就先后书写了洋葱、梨子、白饭、豌豆、麻油、大蒜、虾等多种食物。

这种关于家人和食物的大量书写的原因可以在诗人童年时期居无定所、到处流浪的经历中寻求答案。李立扬在接受梅耶斯(Bill Moyers)的采访时曾表示,他对《旧约·出埃及记》(The Book of Exodus)中描写的"以色列子民的漂泊"(the wandering of the children of Israel)曾产生过深厚的感情共鸣,他也有被断隔(disconnection)和错位(dislocation)的感受。[23]258-259那种居无定所、到处流浪的经历的创伤是如此之深,诗人直到成年后还非常清楚地记得。李立扬在诗作中就曾经描写过他童年时与家人一起移居美国的场景:"被父亲被在背上,身上穿着借来的衣服/我来到了美国。"[17]13

另外,诗人在采访中、在自己的简介和作品中多次提及他的家庭背景,说明他对其非凡、显赫的家世是非常在意的。衣食住行是个体生存、生活的基本物质要素。但正是有着这样非凡、显赫的家世背景的诗人却在童年时期却一直缺少足够的衣服、食物和一个固定的居所,这种巨大的反差无疑加深了所产生的心理创伤的程度。当这些生存所需的最基本物质要素得不到满足时,根据荣格的"创伤产生情结"理论,诗人便将这些痛苦感受分配到身心的各个部位,而他的内心世界也就会随之聚集成相应的"情结":因为生存的基本物质条件得不到满足,诗人转向精神层面,到家庭的温暖和亲情中寻求慰藉,因而诗篇中产生了许多关于家人的描写;同时,因为童年时衣食无着,而"食物"又是中国家庭生活中表达亲情和爱的载体,所以诗人便偏执于大量食物的描写。

综上所述,李立扬的工作经历和家人工作的影响、他与基督教文化深厚的联系以及他童年的心理创伤这三个因素是诗人作品具有画面感并呈现出"黯淡、朦胧的背景上闪烁着明亮而又鲜艳的中心意象"形式的主要原因。而事到如今,虽然童年的这段经历已经过去,外在的创伤已经结束,但是个体因为心理创伤而导致的心理后遗症却继续存在并对内在世界不断产生影响。李立扬一直深受失眠症的困扰,希望通过这种独特的书写,他能够实现"精神上的自我治疗或驱魔"(spiritual self-therapy or exorcism)。[24]191

余论：文学审美和族裔言说交织中的诗意离散

从诞生之初，华裔美国诗歌（Chinese American Poetry）就因为"华裔的"（Chinese）和"美国的"（American）这两个定语的修饰而具有了双重属性。一方面是汉语与华族文化代表的中国属性，另一方面是英语与美国文化代表的美国属性，华裔美国英语诗歌的每一字、每一句都始终伴随着两种语言、文化和身份归属的互动与交锋。这两股暗流的涌动必然使得原本波澜不惊的文学形式出现层层涟漪，其中首当其冲受到影响的就是作为诗歌得以存在的根本与载体的语言。华裔美国英语诗歌的语言表征主要有以下几个特点：

第一，汉语与英语并存的跨语言的离散书写形式。虽然华裔诗人的主要写作语言为英语，但因其中国属性的影响，华裔美国英语诗歌中常能看到符号对等、翻译、拼音和汉字这四种主要形式的汉语符码，突破了常见的单一语言的传统书写模式。通过在英语诗歌中嵌入汉语符码，华裔诗人打破了两种语言原有的稳定性和权威性，摆脱了在两种文化和属性间的错位状态，用夹杂着文化记忆与生存经验的汉语与英语并用的语言创造了崭新的离散身份表征方式。

第二，明显、积极的节奏操控意识。自惠特曼开始，美国诗坛摆脱了传统诗歌的格律束缚，进入了自由诗的纪元。但在华裔美国英语诗歌领域中，华裔诗人依旧保有对音步、停顿、叠句等格律因素的数量、位置上的有意识的操控。从快慢徐急总相宜的音步对失去家园的苦楚、再建家园的艰辛、主流社会的强硬与蛮横等族裔话题的烘托，到反复吟唱的叠句对早期华人移民的艰辛生活等族裔经历的突出，从抑扬顿挫的停顿对隐形种族歧视的控诉、少数族裔的困惑和苦恼等族裔情感抒发力度的增强，到起承转合的断续对华裔的个体经验、华裔群体的反抗精神和平等意愿等族裔言说的张力释放，华裔诗人对音步、停顿、叠句等格律因素在数量、位置方面的有意识的操控不仅成功地创造出了反复吟唱、抑扬顿挫、起承转合、快慢徐急总相宜的具有和谐感和音乐美的节奏，更与诗篇内容及诗人身份达成和谐，成为一首首讲诉族裔故事的"黄色布鲁斯"。

第三，强烈的画面感和视觉效果。诗歌原是一门文字的艺术，华裔诗人突破常规的字母、字体与排列的书写规则，利用大写字母逆用、正体和斜体交叉使用、融入图画元素等书写变异形式丰富了诗篇的表意能力，成为他们"言志"的一个有效又奇妙的途径：颠覆英语语法规则的字母大小写逆用使逆用部分诗文的族裔主题获得了最大的前景化效果；颠覆英语字体书写规则的正体与斜体并用使诗行排列具有错落有致的布局美，勾勒出了连环画和蒙太奇般生动形象的族裔人物素描；颠覆英语排印规则的绘画元素的加入展现了诗图合一、图文并茂的族裔图志，是族裔情感视觉表达的极致。华裔美国英语诗歌通过书写变异来书写变异人生，既获得了常规语言无法企及的空间美感与艺术表现力，更实现了诗歌形式与族裔情感的统一。

此外，受到华裔诗人的双重文化背景和身份属性的互动、交锋之影响的还有作为抒发诗人内心情感的媒介与传达诗篇主题思想之有效途径的意象。食物意象是带有华裔诗人展示饮食文化深层次诉求的表意系统，是一种文化记忆与生存环境交叠下的饮食言说。宗教意象多非诗人们的宗教信仰，它们一改原本神性的信仰对象之特质，具有全所未有的现实性和现世性，是带有华裔诗人的本土经验之烙印的非信仰的文化符码。中西文学典故意象不仅反映了华裔诗人对中西文学传统的承袭，更折射出华裔诗人对文学典故的挪用、改写和驯化后创造出的马赛克般鲜活生动的华裔文学传统。这些意象以文化记忆为纵坐标，以本土经验为横坐标，是华裔诗人的文化记忆与本土经验交叠形成的饱满、鲜活的文化意象，是一种真正意义上的离散书写。

语言是诗人的表意工具，更是诗歌得以存在的根本载体。就本书关注的华裔美国英语诗歌的语言而言，符码、节奏和书写变异等表征从诗篇的布局、结构等宏观角度切入，英语诗歌中嵌入汉语符码是一种既增强了诗篇的表意功能和美学价值又夹杂了华裔诗人的文化记忆与生存经验的崭新的离散身份表征方式。音步、停顿、叠句等操控不仅产生了具有音乐美的节奏，更实现了与诗篇隐含的族裔情感的和谐与共鸣。书写变异既具有常规书写无法媲美的空间美感与视觉表现力,同时也反映了华裔诗人通过书写变异来书写变异人生的族裔诉求。汉语符码嵌入、节奏操控和书写变异并非"为形式而形式"的语言表征,而是与诗歌内容及诗人的离散身份紧密联系、丝丝契合,是文学表征与族裔言说的统一。

从文学表征与族裔言说统一的语言方面不难发现,华裔美国英语诗歌最基本的特点就是文学性与族裔性的结合。这种书写方式不仅使华裔美国英语诗歌具有更高的文学价值和美学意义,也使诗人的族裔情感和离散身份表现得更直接、更强烈。华裔美国英语诗歌的文学性与族裔性完美结合、相得益彰的现象对于现今华裔美国文学创作及批评领域中刻板化族裔性批评及反刻板化族裔性批判引发的去族裔性书写等问题均具有重要的启示意义。

作为一种少数族裔文学,华裔美国文学本就与美国少数族裔的民权运动共生共荣,族裔性早已成为它重要的组成部分。一些少数族裔作家希望通过充满激情与力量的族裔言说,借文学作品向美国社会争取自身应得的平等地位,赵健秀、徐忠雄、陈美玲、刘肇基等皆为此类作家的代表。但随着华裔美国文学的发展,《华女阿五》、《喜福会》等一系列作品被主流批评界接受、认可并最终典律化,对华裔美国文学的刻板化族裔性批评也不幸产生。任何超越"异域色彩"等主流批评界之评判标准的作品无法获得肯定,华裔美国文学的主题、内容等方面被无形地限定在狭隘的族裔(甚至是自我/东方主义)范围内,严重阻碍了它的进一步发展。

一些作家深感主流批评界的刻板化族裔性批评话语对华裔美国文学发展的不利,他们高扬文学性和艺术性的旗帜,刻意避免族裔性书写。这对本已挣扎在主流文学的边缘、争取自身的文学合法性的华裔美国文学而言,用忽视自身身份属性的去族裔性书写对抗刻板化族裔性批判的做法很可能导致华裔的族裔声音在华裔美国文学和主流文学中的双重缺失,使原本就处于夹缝中的华裔美国文学丧失仅有的族裔言说空间。

在刻板化族裔性批评和去族裔性书写的大背景下反观华裔英语诗歌,我们惊喜地发现,华裔美国英语诗歌文学性与族裔性的巧妙统一不仅使其具有更高的文学价值和美学意义,也使诗人的族裔情感和离散身份表现得更直接、更强烈。这充分证明,在进行包括华裔美国文学在内的少数族裔文学的创作和批评时,我们一方面不仅要意识到族裔性是此类文学与其他作品区分的基准和价值所在，更要始终谨记不能将族裔性唯一化、绝对化，避免其成为凌驾于文学价值之上的唯一的写作与评判的标准。另一方面，文学性诚然是所有文学形式、文学作品的终极追求，但剔除了族裔性的少数族裔作品不免会失去其离散背景和双重身份属性带来的思想、意识形态上的深度、广度以及独特的社会学和人类学价值。只有将族裔性的激情和文学性的张力相结合，少数族裔文学才能突破层层壁垒屏障，在角落强有力地发出自身差异的声音。

注 释

绪 论

[1] 滑明达. 文化超越与文化认知——美国社会文化研究 [M]. 北京：中国社会科学出版社，2006：140.

[2] 李春辉等. 美洲华侨华人史 [M]. 北京：东方出版社，1990：115.

[3] 因为圣弗兰西斯科（San Francisco）发现了金矿，该地便被早期移民称为"金山"。后来澳大利亚发现金矿后，它便被叫为"旧金山"。"淘金热"始于1848年1月24日旧金山附近的苏特锯木工场。

[4] 刘汉彪，杨安耀. 美国华侨史 [M]. 广州：广东教育出版社，1989：45.

[5] 转引自 [美] 尹晓煌. 美国华裔文学史 [M]. 徐颖果译. 天津：南开大学出版社，2006：2.

[6] 学者谭雅伦（Marlon K. Hom）从两部汉语本的《金山歌集》(《金山歌集》(*Jinshan geji*, 1911) 和《金山歌二集》(*Jinshan ge erji*, 1915)) 中选出220首歌谣，进行翻译并形成了中英对照的诗集。

[7] Marlon K. Hom ed. *Songs of Gold Mountain: Cantonese Rhymes from San Francisco Chinatown*. Berkeley and Los Angeles, California: University of California Press, 1992, p. 102.

[8] 四邑原指广东省的四个县：新会、台山、开平和恩平。现为广东省江门市新会区、开平市、台山市、恩平市四市/区。

[9] 谭雅伦. 弱群心声："出洋子弟勿相配"——珠三角侨乡歌谣中的出洋传统与家庭意识 [J]. 华人华侨历史研究，2010（4）：34.

[10] 张子清. 历史与社会现实生活的跨文化审视——华裔美国诗歌的先

声：在美国最早的华文诗歌［J］．江汉大学学报（人文科学版），2008（5）：18．

［11］王性初．诗的灵魂在地狱中永生——美国天使岛华文遗诗新考［J］．华文文学，2005（1）：21．

［12］Him Mark Lai, Genny Lim, Judy Yung, trans. and eds. *Island：Poetry and History of Chinese Immigrants on Angel Island*, 1910 – 1940. San Francisco：Kelsey Street Press, 1980, p. 136.

［13］张子清．华裔美国历史与社会现实生活的跨文化审视：华裔美国诗歌［M］//吴冰，王立礼主编．华裔美国作家研究．天津：南开大学出版社，2009：399．

［14］转引自 Chris Cooper. "Li – Young Lee：The Poem within the Poet." http：//www.jadedragon.com/archives/bookrevu/liyounglee.html.

［15］Wenying Xu. "Li – Young Lee". *Asian American Poets：a Bio – Bibliography Critical Sourcebook*. Guiyou Huang ed. Connecticut：Westport, Greenwood Press, 2002, p. 207.

［16］Yen Xiaoping. "Mei – mei Berssenbrugge." *Asian American Poets：a Bio – Bibliographical Critical Sourcebook*. Huang Guiyou ed. Westport, Connecticut：Greenwood Press, 2002, p. 45.

［17］张子清．华裔美国历史与社会现实生活的跨文化审视：华裔美国诗歌［C］//吴冰，王立礼主编．华裔美国作家研究．天津：南开大学出版社，2009：427．

［18］Nina Morgan. "Shirley Geok – Lin Lim." *Asian American Poets：a Bio – Bibliographical Critical Sourcebook*, Guiyou Huang ed. Westport, Connecticut：Greenwood Press, 2002, p. 215.

［19］张子清．华裔美国历史与社会现实生活的跨文化审视：华裔美国诗歌［C］//吴冰，王立礼主编．华裔美国作家研究．天津：南开大学出版社，2009：462．

［20］中国社会科学院语言研究所词典编辑室．现代汉语词典［M］．北京：商务印书馆，1995：1367．

第一章

[1] Cathy Song. *Picture Bride*. New Haven, Connecticut: Yale University Press, 1983, p. 31, p. 52, p. 61.

[2] Marilyn Chin. *Dwarf Bamboo*. New York: The Greenfield Review Press, 1987, p. 3, p. 15, p. 28, p. 29.

[3] Wing Tek Lum. *Expounding the Doubtful Points*. Honolulu, Hawai'i: Bamboo Bridge Press, 1987, p. 38, p. 45, p. 83.

[4] Marilyn Chin. *Dwarf Bamboo*. New York: The Greenfield Review Press, 1987, p. 12.

[5] Wing Tek Lum. *Expounding the Doubtful Points*. Honolulu, Hawai'i: Bamboo Bridge Press, 1987, p. 37.

[6] 耶鲁罗马化系统是由耶鲁大学开发的四套拼音系统,用以将东亚的四大语言(汉语,粤语,朝鲜语以及日语)英语拼音化,是目前常采用的将粤语和汉语拼写为英语的方法。

[7] 大意为:三公啊。/四公啊。/你去哪呀?/马靴得得/四脚,又四脚,/你去哪呀?参见 Maxine Hong Kinston. *To be the Poet*. Harvard University Press, 2002, p. 4.

[8] Li-Young Lee. *Rose*. Rochester, New YOrk: BOA Editions, Ltd., 1986, p. 17, p. 50.

[9]《旧约·创世记》第11章宣称,当时的人类联合起来兴建通往天堂的高塔;为了阻止人类的计划,上帝让人类说不同的语言,使人类相互之间不能沟通,计划因此失败,人类自此各散东西。巴别在希伯来语中有"变乱"之意。该塔从此被称为巴别塔。此故事试图为世上出现不同语言和种族提供解释。

[10] [法] 弗朗兹·法农. 黑皮肤,白面具[M]. 万冰译. 北京:译林出版社,2005:25.

[11] [法] 莫里斯·哈布瓦赫. 论集体记忆[M]. 毕然,郭金华译. 上海:上海人民出版社,2002:69.

[12] Jan Assmann. *Religion and Cultural Memory*. Rodney Livingstone trans.,

Stanford, California: Stanford University Press, 2006, p. 2.

[13] Jan Assmann. "Collective Memory and Cultural Identity". John Czaplicka tran. *New German Critique*, No. 65, Cultural History/Cultural Studies, 1995 (Spring - Summer), pp. 130 - 132.

[14] "I always think back to the T'ang Dynasty when I write poetry. I feel that I am very much a part of that Chinese tradition. I don't want to be cut off from it. That's why I studies classical Chinese. I feel it's very, very important…Our roots go way back. We're old souls…I feel close to my Chinese roots." Marilyn Chin. "Writing the Other: A Conversation with Maxine Kong Kingston (1989)". *Conversations with Maxine Hong Kingston*. Paul Skenazy and Tera Martin eds. Jackson: University Press of Mississippi, 1998, p. 94.

[15] [法] 莫里斯·哈布瓦赫. 论集体记忆 [M]. 毕然, 郭金华译. 上海: 上海人民出版社, 2002: 80.

[16] 白人盎格鲁-撒克逊新教徒 (White Anglo - Saxon Protestant, WASP) 本义指美国当权的精英群体及其文化、习俗和道德行为标准, 现在可以泛指信奉新教的欧裔美国人。此群体拥有庞大的经济、政治势力, 构成美国上流社会和中上阶层的绝大部分。尽管美国社会日益多元化, 但他们的文化、道德观和价值取向仍在很大程度上影响着美国的发展。1964 年迪毕·波茨尔 (E. Digby Baltzell) 在其书《新教当权者: 美国的贵族和社会等级》中使用后, 这个词便逐渐在美国社会传播开来 (但此词是 1962 年另一位学者首创的)。

[17] Him Mark Lai, Genny Lim, Judy Wang, trans. and eds. *Island: Poetry and History of Chinese Immigrants on Angel Island, 1910 - 1940*. Seattle, Washington: University of Washington Press, 1991, pp. 55 - 57.

[18] Marlon K. Hom ed. *The Songs of Gold Mountain: Cantonese Rhymes from San Francisco Chinatown*. Berkeley and Los Angeles, California: University of California Press, 1992, p. 96.

[19] 蒲若茜. 族裔经验与文化想象 [M]. 北京: 中国社会科学出版社, 2006: 76.

[20] 转引自 [美] 尹晓煌. 美国华裔文学史 [M]. 徐颖果译. 天津: 南开大学出版社, 2006: 299.

[21] Genny Lim. *Child of War*. Honolulu, Hawaii: Kalamaku Press, 2003, p. 37.

[22] Wing Tek Lum. *Expounding the Doubtful Points*. Honolulu, Hawai'i: Bamboo Bridge Press, 1987, p. 72.

[23] 转引自张子清. 华裔美国历史与社会现实生活的跨文化审视：华裔美国诗歌 [C] //吴冰, 王立礼主编. 华裔美国作家研究. 天津：南开大学出版社, 2009：498.

[24] Marilyn Chin. *Rhapsody in Plain Yellow*. New York: W. W. Norton & Company, Inc., 2002, p. 86.

[25] John Keats. "Ode on a Grecian Urn". *Poetry: a Longman Pocket Anthology*, S. Gwynn ed. The 2nd edition. Addison – Wesley Educational Publishers Inc., 1998, p. 107.

[26] Kay Bonetti. "An Interview with Maxine Hong Kingston (1986)". *Conversations with Maxine Hong Kingston*, Paul Skenazy and Tera Martin ed. Jackson: University Press of Mississippi, 1998, p. 38.

[27] Wing Tek Lum. *Expounding the Doubtful Points*. Honolulu, Hawai'i: Bamboo Bridge Press, 1987, p. 67.

[28] [美] 叶维廉. 异花受精的繁殖：华裔文学中文化对话的张力 [J]. 世界华文文学论坛, 2004 (4)：7.

[29] 刘心莲. 论美国华裔女性写作的语言特征 [J]. 当代文坛, 2007 (3)：142.

第二章

[1] 根据吴翔林的《英诗格律及自由诗》一书，英语诗歌的格律 (versification / prosody) 有两个基本的要素：节奏 (rhythm) 和韵 (rhyme)。但在现代英诗常见的自由诗 (free verse)、无韵体 (unrhymed verse) 和素体诗 (blank verse) 等诗歌形式中，韵的使用日益减少，华裔美国英语诗歌亦然。鉴于此，本书将重点关注英诗格律的另一个基本要素——节奏。

吴翔林. 英诗格律及自由诗 [M]. 北京：商务印书馆, 1993：4.

[2] 朱光潜. 诗论 [M]. 上海：上海古籍出版社, 2005：6 – 9.

〔3〕Mei-Mei Berssenbrugge. *Nest*. Berkeley, California: Kelsey Street Press, 2003, p. 45.

〔4〕Yen Xiaoping. "Mei-mei Berssenbrugge". *Asian American Poets: a Bio-Bibliographical Critical Sourcebook*, Huang Guiyou ed. Westport, Connecticut: Greenwood Press, 2002, p. 46.

〔5〕Mei-Mei Berssenbrugge. *Nest*. Berkeley, California: Kelsey Street Press, 2003, pp. 51-52.

〔6〕Wing Tek Lum. *Expounding the Doubtful Points*. Honolulu, Hawaii: Bamboo Ridge Press, 1987, p. 68.

《同化的条件》:你必须变成/一头驴//或者更糟:/骡子,那/公驴和母马的/混合物,//是/必然不能生育的。

〔7〕Wing Tek Lum. *Expounding the Doubtful Points*. Honolulu, Hawaii: Bamboo Ridge Press, 1987, p. 63.

〔8〕薛玉凤.美国华裔文学之文化研究〔M〕.北京:人民文学出版社,2007:25.

〔9〕滑明达.文化超越与文化认知——美国社会文化研究〔M〕.北京:中国社会科学出版社,2006:147.

〔10〕Wing Tek Lum. *Expounding the Doubtful Points*. Honolulu, Hawaii: Bamboo Ridge Press, 1987, pp. 63-64.

〔11〕Marilyn Chin. *Rhapsody in Plain Yellow*. New York: W. W. Norton & Company, Inc., 2002, p. 101.

〔12〕M. H. Abrams. *A Glossary of Literary Terms*. Seventh edition. Boston, Massachusetts: Heinle & Heinle, 1999, p. 263.

〔13〕Shirley Geok-lin Lim. *what the fortune teller didn't say*. Albuquerque, New Mexico: West End Press, 1998, p. 42.

密西西比中国女人/你为何在城市中穿着蓝色牛仔裤?/你是在寻找有钱的鬼吗/给你买一张去西方的车票?//旧金山中国女人/你将只喝可口可乐。/你用长长的吸管搅动,/咝咝地啜饮仿佛它是罕有的长生不老药。//马萨诸塞中国女人,/你剪了头发并使它卷曲。/刘海隐藏你倔强的眉毛,眼睛/发光,风暴中的防风灯。//亚利桑那中国女人,/现在你在金山国家,/你像收音机上那样说英语，/但它会让你忘记父亲吗？//丢失了名字的女人，/当你死时谁会喂养你？

[14] 转引自王咏梅．文化的"返乡"：论谭恩美小说中的文化冲突和融合［J］．西南师范大学学报（人文社会科学版），2004（6）：162．

[15] ［美］谭恩美．喜福会［M］．程乃珊等译．上海译文出版社，2006：227．

[16] 李贵苍．文化的重量：解读当代华裔美国文学［M］．北京：人民文学出版社，2006：48．

[17] 吴翔林．英诗格律及自由诗［M］．北京：商务印书馆，1993：171．

[18] Marilyn Chin. *Rhapsody in Plain Yellow*. New York: W. W. Norton & Company, Inc., 2002, p. 13.

金丝雀死在了金矿里，她的梦想丢在筛子里。/金丝雀死在了金矿里，她的梦想丢在筛子里。/她的丈夫乌鸦在铁路下丧生，轮辐已剪断他的翅膀。//什么东西正在陈的厨房中煮烧，一万只黄腹啄木鸟烘烤在一个派中。/什么东西正在陈的厨房中煮烧，一万只黄腹啄木鸟烘烤在一个派中。/什么东西正在陈的厨房中煮烧，死死黄鸟，死死。//哦 在浅锅上打开一个蛋，黄将渗进白中。/哦 在浅锅上打开一个蛋，黄将渗进白中。/跑，跑，甜美的小清教徒，黄将渗进白中。//如果你割掉我的黄手腕，我会教黄脚趾去写字。/如果你割掉我的黄手腕，我会教黄脚趾去写字。/如果你割掉我的黄拳头，我会教黄脚去斗争。//别害怕消亡，我的母亲，佛祖的怜悯在咫尺。/别害怕消亡，我的母亲，我们的船今晚起航。/你的宝贝们将到达应许之地，星星们将引领方向。//我是如此柔美的黄，柔美的黄，佛祖在我血管中歌唱。/我是如此柔美的黄，柔美的黄，佛祖在我血管中歌唱。/哦 带我去未重生的土地，世界上没有不痛的生活。

[19] ［美］古拉尔尼克等．蓝调百年之旅［C］．李佳纯等译．北京：中国人民大学出版社，2005：272．

[20] Wikipedia. "Blues". http://en.wikipedia.org/wiki/Blues.

[21] Cathy Song. *The Land of Bliss*. Pittsburgh, Pennsylvania: University of Pittsburgh Press, 2001, p. 11.

[22] 也说成 skunk eye，两词都有臭的意思。

［23］百度百科．夏威夷人［OL］．http：//baike.baidu.com/view/320893.html．

［24］Cathy Song. *The Land of Bliss*. Pittsburgh, Pennsylvania：University of Pittsburgh Press, 2001, p. 12.

［25］Cathy Song. *The Land of Bliss*. Pittsburgh, Pennsylvania：University of Pittsburgh Press, 2001, pp. 12 – 13.

［26］吴翔林．英诗格律及自由诗［M］．北京：商务印书馆，1993：54.

［27］Wing Tek Lum. *Expounding the Doubtful Points*. Honolulu, Hawaii：Bamboo Ridge Press, 1987, p. 69.

《少数族裔诗歌》：为什么/我们是像苹果派一样/正宗的美国人——/那是因为，如果你也算上/厨师已经忘了/或者完全不知道/如何处置的/只希望女佣/清理菜板时/将它们扔进/垃圾罐中/晚上离开时拿走的/躺在厨房柜台上的/剩余果皮。

［28］［美］尹晓煌．美国华裔文学史［M］．徐颖果译．天津：南开大学出版社，2006：299.

［29］吴翔林．英诗格律及自由诗［M］．北京：商务印书馆，1993：54.

［30］吴翔林．英诗格律及自由诗［M］．北京：商务印书馆，1993：55.

［31］Alan Chong Lau. "the promise". *Songs for Jadina*. Greenfield Center, New York：Greenfield Review Press, 1980. 诗集《贾蒂娜之歌》全书没有页码，故只注明题目。

我的祖父/被羁禁/在一个名叫天使的/地狱岛上……你的父母/被控制/在这里 在原初的锐蕙草中/依旧下着雪/在四月/白色的条纹/在吞噬的石头峭壁上……在这里 在一个/岩石被阳光漂白的岛屿上/中国祖母们/坐在长凳上/在漫长的下午/等着金山的入口/一年年 一尺尺 一寸寸/窗子的碎玻璃/躺在地上/参差不齐的眼泪吃着灰尘……今天我们乘坐租赁的公交车/来到这里/拿着不足的行李就像/你父母曾经坐在公交车上/用刺刀刺像路标的/每一扇窗子/……今天/我乘着渡轮/穿过水面/只带着一袋午餐/就像我的祖父/只拿着被布包着的行李捆/投掷在船舱中/像湿拖布。

［32］Alan Chong Lau. "the promise". *Songs for Jadina*. Greenfield Center, New York：Greenfield Review Press, 1980.

我们进来/我们所有人有名字/不是号码/并且//不……/我们再也不会/去锐蔗草湖//不……/我无法说出放鸭子的池塘/离我后门有多少英尺//不……/我们永远不会/放弃自己的名字//是的……/这土地是我们的土地//是的……/我们将和所有群落的人/一起分享它//是的……/你所有的枪/都毫无价值//是的……/你空洞的词语也一样。

［33］吴翔林. 英诗格律及自由诗［M］. 北京：商务印书馆，1993：7.

第三章

［1］Geoffrey N. Leech. *A Linguistic Guide to English Poetry.* London and New York：Longman, pp. 42 – 51.

［2］严谨地说，英语是一种以象形文字为源头的字母文字。根据外国语言学者的考究，英语所属的日耳曼语系采用的是26个字母的罗马拉丁文体系，拉丁文由希腊文发展而来，希腊文则诞生于腓尼基人改造古埃及象形文字而生成的世界上第一套的字母文字体系。

［3］张子清. 华裔美国历史与社会现实生活的跨文化审视：华裔美国诗歌［C］// 吴冰，王立礼主编. 华裔美国作家研究. 天津：南开大学出版社，2009：462.

［4］Alan Chong Lau. *Blues and Greens：A Produce Worker's Journal.* Honolulu, Hawaii：University of Hawaii Press, 2000, p. 50.

《菱角促销——中国新年》：不想弄脏手/女人们命令我/向土里/挖得更深/泥泞的弯曲块茎/小小的牙戳出/乌龟褐色的皮肤/因为拇指的揉搓/微微发光//她们想要/从中国漂洋过海而来的/箱子底部隐藏的/因池塘水而依然潮湿的/甜美菱角肉的清脆的珍宝/嘎吱作响的果汁。

［5］Marilyn Chin. *Rhapsody in Plain Yellow.* New York：W. W. Norton & Company, Inc., 2002, pp. 27 – 28.

我的灵魂在肮脏的桉树上/秃鹰的鸟瞰/（她，也是，一个垂死的物种）……不质疑谁的上帝/那个律法？谁的佛塔？……在人造的樱桃骨瓮中/我和寂静/还有某个奇怪的人种 残破者！

［6］"彼特拉克体"（Petracian）由两个四行诗节和两个三行诗节组成，每行11个音节，韵式为ABBA，ABBA，CDE，CDE 或 ABBA，ABBA，

CDC，CDC。

"莎士比亚体"（Shakespearean）由三个四行诗节和两行对句组成，每行10个音节，韵式为 ABAB, CDCD, EFEF, GG。

［7］Marilyn Chin. *Rhapsody in Plain Yellow*. New York：W. W. Norton & Company, Inc., 2002, p. 17.

［8］Marilyn Chin. *Rhapsody in Plain Yellow*. New York：W. W. Norton & Company, Inc., 2002, p. 69.

［9］William Heyen and Stan Sanvel Rubin. "Seeing the Power of Poetry (1987)". *Breaking the Alabaster Jar*：*Conversations with Li - Young Lee*. Earl G. Ingersoll ed. Rochester, New York：BOA Editions, 2006, p. 20.

［10］Li - Young Lee. *Behind My Eyes*. New York：W. W. Norton & Company, Inc., 2008, p. 28.

自从我出生人们就一直努力杀掉我，/一个男人告诉他的儿子，试着解释/学习第二门语言的智慧。//……它叫做"生存策略/和种族同化的悲哀。"//它叫做"错位人的心理范例，"//叫做"宁愿玩而非学的孩子。"

［11］Li - Young Lee. *Behind My Eyes*. New York：W. W. Norton & Company, Inc., 2008, p. 29.

我在你心里吗？……我在你身体里吗？……它是昨天傍晚的古老故事//叫做"离散民族之爱的模式，"//叫做"家园的缺失/和挚爱的亵渎，"//叫做"我想歌唱但我不知道任何歌曲。"

［12］Marilyn Chin. *Rhapsody in Plain Yellow*. New York：W. W. Norton & Company, Inc., 2002, p. 61.

我平头的邻居说/他赞成隔离，/赞成种族纯净，希特勒根除犹太人/是因为人口过剩——那是在/口服避孕药诞生之前，哈哈……在1955年，/韦氏新世界字典引证"一位种族主义者"/为"自豪于一个种族的人。"魔鬼是深红棕色的 而且他，同样，是上帝的血肉。

［13］［英］克朗. 文化地理学 [M]. 杨淑华等译. 南京：南京大学出版社, 2003：6.

［14］Marilyn Chin. *Rhapsody in Plain Yellow*. New York：W. W. Norton & Company, Inc., 2002, p. 64.

[15] William Heyen and Stan Sanvel Rubin. "Seeing the Power of Poetry (1987)". *Breaking the Alabaster Jar: Conversations with Li-Young Lee*. Earl G. Ingersoll ed. Rochester, New York: BOA Editions, 2006, p. 20.

[16] Wikipedia. "Italic Style". http://en.wikipedia.org/wiki/Italic_type

[17] Zhou Xiaojing. "Marilyn Mei Ling Chin". *Asian American Poets: A Bio-Bibliographical Critical Sourcebook*. Guiyou Huang ed. Westport, Connecticut: Greenwood Press, 2002, p. 78.

[18] Marilyn Chin. *The Phoenix Gone, the Terrace Empty*. Minneapolis, Minnesota: Milkweed Editions, 1994, p. 19.

战车轰隆，马匹嘶鸣，野蛮人要来了。/我们在等什么，适婚的年轻女人们指着墙，野蛮人要来了。/他们听说了墙中虚弱的一环。所以，野蛮人在我们中有耳目。/所以用幻觉欺骗自己：你只是一个女人，在墙中握着一块破碎的砖。/所以用幻觉欺骗自己：仿佛你在乎，那块砖和那堵墙。/野蛮人要来了：他们长着红胡子或者头上打结/野蛮人要来了：他们是你的父亲们、兄弟们、老师们、爱人们；而且他们明显是一个他者。/野蛮人要来了：/如果你说我是一匹马，我一定是一匹马。/如果你说我是一头野牛，我同样有罪。//当一件事是真的并被正确描述时，一个人不承认它/即会被双倍指责：那么，庄子，他自己，是野蛮人之王！/马、马，野牛、野牛，野蛮人要来了——/他们多么爱来啊。/伟大边境的气味在他们身上欢欣。

[19] Elaine H. Kim. *Asian American Literature: An Introduction to the Writings and Their Social Context*. Beijing: Foreign Language Teaching and Research Press, 2006, p. 5.

[20] 使用数据出自刘继南，何辉等著. 镜像中国——世界主流媒体中的中国形象 [M]. 北京：中国传媒大学出版社，2006：11，66.

[21] [美] 霍米·巴巴. 他者的问题：刻板印象和殖民话语 [C]. //视觉文化读本. 罗岗，顾铮主编. 桂林：广西师范大学出版社，2003：220.

[22] Frank Chin. "Afterward". MELUS, 1976 (3), p. 14.

[23] Li-Young Lee. *The City in Which I Love*. Rochester, New York: BOA Editions, 1990, pp. 33-34.

在夜晚我们逃离了哪间房子？在白天我们逃离了哪间房子？//别问我。//

我们站着观看一间燃烧;从一间我们逃跑。//我正在整齐地折叠/夜晚和白天,要遗忘/的便签。//我们被削弱。我们未被赦免。没有同情。/也没有他们的庇护。也没有休息。/街道上有火。我们站在人群中,在他们手/的高度,死去或即将死去的所有那些手腕。//别再/让我的生存/依赖于记忆。//……全程没有歌声,而哭泣声/在许多年后降临。//我终止了/记忆。//有时一首歌,/甚至在哭泣的时刻。//我终止了/记忆。

[24] Li-Young Lee. *Behind My Eyes*. New York: W. W. Norton & Company, Inc., 2008, p. 26.

[25] Li-Young Lee. *The City in Which I Love you*. Rochester, New York: BOA Editions, 1990, p. 18.

[26] Li-Young Lee. *The City in Which I Love you*. Rochester, New York: BOA Editions, 1990, p. 18.

[27] Walter Hesford. "The City in Which I Love You: Li-Young Lee's Excellent Song". *Christianity and Literature*. 46.1 (Autumn 1996).

[28] 赵冬梅. 心理创伤的治疗模型与理论 [J]. 华南师范大学学报(社会科学版),2009(3):125.

[29] [奥] 弗洛伊德. 超越快乐原则 [C] // 弗洛伊德. 弗洛伊德文集(第四卷). 杨韶刚译. 长春:长春出版社,2004:8.

[30] [美] 罗森布鲁姆,[美] 威廉斯,[美] 沃特金斯卡著. 精神创伤之后的生活 [M]. 田成华等译. 北京:中国轻工业出版社,2001:20.

[31] [英] 赫伯特,[英] 韦特莫尔著. 抚平创伤 [M]. 周晓林等译. 北京:中国轻工业出版社,2001:69.

[32] Yibing Huang. "The Winged Seed". *Amerasia Journal*. 24.2 (summer 1998), p. 191.

[33] Alan Chong Lau. "Water that Springs from a Rock". *Chinese American Poetry: An Anthology*. Ling-chi Wang and Henry Yiheng Zhao eds. Santa Barbara, California: Asian American Voices, 1991, p. 88.

许多尸体标划出旷野//我们的鲜血冲在水中 舔着金斑的尘土//从灰烬中挖出//我们的骨骼在车轮辐条中噼啪作响//房屋塌陷到土地中//我们汗水浇灌的杂草在月光中呈铁锈色//一家家的哭喊和水汽被烘烤 被活埋//我们的尖

叫界定暴风雨的仪式//城中没有留下——男人、女人或者孩子——一个活着的中国佬，/前天还居住有700到900人。

[34] 卫景宜. 美国主流文化的"华人形象"与华裔写作[J]. 国外文学，2002（1）：30.

[35] Alan Chong Lau. "Water that Springs from a Rock". *Chinese American Poetry: An Anthology*. Ling-chi Wang and Henry Yiheng Zhao eds. Santa Barbara, California: Asian American Voices, 1991, p. 85.

[36] 卫景宜. 美国主流文化的"华人形象"与华裔写作[J]. 国外文学，2002（1）：30.

[37] 关于华工的确切死亡人数，维基百科认为"至少有18名华人矿工死亡，还有15名受伤"。http://en.wikipedia.org/wiki/Rock_Springs_massacre 但美国亚裔团体"为民社劳工委员会（Wei Min She Labor Committee）"的《美国的华工》(*Chinese Working People in America*) 的资料显示，"至少28名被野蛮谋杀的尸体被发现，更有许多人受重伤。"

转引自 Alan Chong Lau. "Water that Springs from a Rock". *Chinese American Poetry: An Anthology*. Ling-chi Wang and Henry Yiheng Zhao eds. Santa Barbara, California: Asian American Voices, 1991, p. 84.

本书选用《美国的华工》的数据资料。

[38] Cathy Caruth. *Unclaimed Experience: Trauma, Narrative, and History*. Baltimore: Johns Hopkins University Press, 1996, p. 4.

[39] Didier Fassin and Richard Rechtman. *The Empire of Trauma: An Inquiry into the Condition of Victimhood*. Princeton University Press, 2009, p. 20.

[40] Alan Chong Lau. "Water that Springs from a Rock". *Chinese American Poetry: An Anthology*. Ling-chi Wang and Henry Yiheng Zhao eds. Santa Barbara, California: Asian American Voices, 1991, p. 88.

[41] John Strachan and Richard Terry. *Poetry*. 上海：上海外语教育出版社，2009：25.

[42] 达达主义艺术运动是1916年至1923年间出现于欧洲等国的艺术流派。达达主义是一种无政府主义的艺术运动，它试图通过废除传统的文化和美学形式发现真正的现实。

超现实主义源于达达主义,于1920年至1930年间盛行于欧洲文艺界,且对视觉艺术影响深远。它认为只有超越现实的"无意识"世界才能摆脱一切束缚,最真实地显示客观事实的真面目。超现实主义给传统对艺术的看法有了巨大的影响。也常被称为超现实主义运动。

[43] Marilyn Chin. *Rhapsody in Plain Yellow*. New York:W. W. Norton & Company, Inc. , 2002, p. 37.

那双疼痛的莲花不会阻止她。/随着军阀竹鞭/抽过不屈服的天空,/还有日军的刺刀闪过/古老的榕树,/所有的历史将会让路,允许她通过。……她脚步如此轻,休闲的鹿无法听到。/心如此沉重,村妇们可以以她的名义沉下一块石头/每当她们走过浅滩。/瞭望塔中的占卜者看到她。/哦 漩涡中的命运,草中的蛇,/她一寸寸走进境况不佳的一半血缘兄弟。//拖着封建主义坏疽的腿;/他们这类人正虚弱和消亡。/孩子在他背上,精疲力竭而没有生气,/回应着外祖母的召唤。

[44] Marilyn Chin. *Rhapsody in Plain Yellow*. New York:W. W. Norton & Company, Inc. , 2002, pp. 105 – 106.

[45] Marilyn Chin. *Rhapsody in Plain Yellow*. New York:W. W. Norton & Company, Inc. , 2002, pp. 34 – 35.

[46] Ho Hon Leung. "After the 'Three Characters'." *Premonitions*:*The Kaya Anthology of New Asian North American Poetry*. Walter K. Lew ed. New York:Kaya Productions, 1995, pp. 244 – 246.

我看见一匹马/跑过/我牢狱的/栅栏//我进化/马也进化//但我无法/再看到它。//一辆汽车驶/过我眼前……但是马想要/比赛/想成为计算机世界中/竞赛的超级马。//达尔文,你可能是对的。/成为适者是生存/大事。//马骑/在飞毯上。/它无法承受两种知识:/直觉性的和描述性的。/前者是水银。//今天 速度/与简洁同样重要。

[47] Ho Hon Leung. "After the 'Three Characters'". *Premonitions*:*The Kaya Anthology of New Asian North American Poetry*. Walter K. Lew ed. New York:Kaya Productions, 1995, p. 246.

[48] Mike Ingham. "Writing on the Margin:Hong Kong English Poetry, Fiction and New Creative Ficition". *City voices*:*Hong Kong Writing in English*, 1945

to the Present. Xu Xi and Mike Ingham eds. Hong Kong: Hong Kong University Press, 2003, p. 9.

[49] Li-Young Lee. *The City in Which I Love you*. Rochester, New York: BOA Editions, 1990, p. 26.

第四章

第一节

[1] Marlon Hom ed. *Songs of Gold Mountain: Cantonese Rhymes from San Francisco Chinatown*. Berkeley and Los Angeles, California: University of California Press, 1992, p. 151.

[2] Him Mark Lai, Genny Lim, and Judy Yung trans. and eds. *Island: Poetry and History of Chinese Immigrants on Angel Island 1910 – 1940*. Sesttle and London: University of Washington Press, 1991, p. 89.

[3] Cathy Song. *The Land of Bliss*. Pittsburgh, Pennsylvania: University of Pittsburgh Press, 2001, p. 33.

[4] Li-Young Lee. *Rose*. Rochester, New York: BOA Editions, 1986, p. 50.

[5] [美] 安德森. 想象的共同体：民族主义的起源与散布 [M]. 吴叡人译. 上海：上海人民出版社, 2005：6.

[6] Russell Charles Leong. *The Country of Dreams and Dust*. Albuquerque, New Mexico: West End Press, 1993, p. 5.

[7] [英] 克朗. 文化地理学 [M]. 杨淑华等译. 南京：南京大学出版社, 2003：131.

[8] [美] 安德森. 想象的共同体：民族主义的起源与散布 [M]. 吴叡人译. 上海：上海人民出版社, 2005：4.

[9] Berssenbrugge, Mei-Mei. *Empathy*. Barrytown, New York: Station Hill Press, 1989, p. 29.

[10] 李亚萍, 饶芃子. 从"怀乡"到"望乡"——20世纪美国华文文学中故国情怀的变迁 [J]. 湘潭大学学报（哲学社会科学版）, 2006 (3)：29.

[11] 转引自米什拉. 流散者批评 [C] // 文学理论精粹读本. [法] 热奈

特等著.阎嘉编.北京:中国人民大学出版社,2006:350.

[12] [英]克朗.文化地理学 [M].杨淑华等译.南京:南京大学出版社,2003:7.

[13] Marilyn Chin. *The Phoenix Gone, the Terrace Empty*. Minneapolis, Minnesota: Milkweed Editions, 1994, p. 72.

[14] Shirley Geok-lin Lim. *Walking Backwards: New Poems*. Albuquerque, New Mexico: West End Press, 2010, p. 36.

[15] [英]霍尔.文化身份与族裔散居 [C] //文化研究读本.罗钢,刘象愚主编.北京:中国社会科学出版社,2000:222.

[16] Anne-Marie Fortier. "Diaspora." *Cultural Geography: A Critical Dictionary of Key Concepts*. David Sibley, et al., eds. London and New York: I. B. Tauris & Co Ltd., 2005, p. 182.

[17] 王德威.原乡神话的追逐者:沈从文、宋泽莱、莫言、李永平 [C] //想象中国的方法:历史·小说·叙事.北京:生活·读书·新知三联书店,1998:225.

[18] 公仲.离散与文学 [J].华文文学,2007 (5):53.

[19] Phillip E. Wegner. *Imaginary Communities: Utopia, the Nation, and the Spatial Histories of Modernity*. Berkeley and Los Angeles, California: University of California Press, 2002, p. xvii.

第二节

[20] 感谢参与新一轮的"天使岛诗歌"整理工作的王性初先生对天使岛图片及资料的提供。

[21] Him Mark Lai, Genny Lim, and Judy Yung, trans. and eds. *Island: Poetry and History of Chinese Immigrants on Angel Island 1910-1940*. San Francisco: HOC DOI Project, 1980, p. 80.

[22] Him Mark Lai, Genny Lim, and Judy Yung, trans. and eds. *Island: Poetry and History of Chinese Immigrants on Angel Island 1910-1940*. San Francisco: HOC DOI Project, 1980, p. 80.

[23] 在1920年,25美分能够在旧金山的任何饭馆买来一份牛排,这也

是当时最高级的晚餐。参见刘凌尘. 中国移民到美国遭遇的一幕: 旧金山天使岛移民局 [D]. 清华大学人文社会科学学院历史系, 2004: 34.

[24] 刘凌尘. 中国移民到美国遭遇的一幕: 旧金山天使岛移民局 [D]. 清华大学人文社会科学学院历史系, 2004: 29.

[25] 张子清. 历史与社会现实生活的跨文化审视——华裔美国诗歌的先声: 在美国最早的华文诗歌 [J]. 江汉大学学报 (人文科学版), 2008 (5): 18.

[26] 王性初. 诗的灵魂在地狱中永生——美国天使岛华文遗诗新考 [J]. 华文文学, 2005 (1): 21.

[27] 赖伯疆. 海外华文文学概观 [M]. 广州: 花城出版社, 1991: 157.

[28] 诗集共收录了135首诗歌, 其中正文部分按照上文介绍的分类方法展示了69首诗歌, 剩余的66首诗歌由于部分字词遗失等原因统一收归在书后的附录中, 仍为中英文对照的形式。

[29] 温娟. 早期华裔美国诗歌研究——评《金山歌集》与《埃仑诗集》[D]. 福建师范大学, 2008: 5.

[30]《木屋拘囚序》是编者独立排编于五章之后的一首长诗, 全文洋洋洒洒共70行, 文采华丽, 借古喻今, 具有强烈的民族情感和深厚的文化底蕴。

[31] Him Mark Lai, Genny Lim, Judy Yung, trans and eds. *Island: Poetry and History of Chinese Immigrants on Angel Island, 1910 - 1940*. San Francisco: Kelsey Street Press, 1980, p. 44.

[32] [美] 严歌苓. 扶桑 [M]. 台北: 联经出版事业有限公司, 1996: 276.

[33] Him Mark Lai, Genny Lim, Judy Yung, trans and eds. *Island: Poetry and History of Chinese Immigrants on Angel Island, 1910 - 1940*. San Francisco: Kelsey Street Press, 1980, p. 136.

[34] Russell Charles Leong. *The Country of Dreams and Dust*. Albuquerque, New Mexico: West End Press, 1993, title page of part one.

[35] 诗人有注释说明是"天使岛诗歌", 标号为 P157#31。Alan Chong Lau. "the promise." *Songs for Jadina*. Greenfield Center, New York: Greenfield Review Press, 1980.

[36] Marilyn Chin. *The Phoenix Gone, the Terrace Empty*. Minneapolis, Minnesota: Milkweed Editions, 1994, p. 96.

[37] Him Mark Lai, Genny Lim, and Judy Yung, trans. and eds. *Island: Poetry and History of Chinese Immigrants on Angel Island 1910 – 1940*. Seattle and London: University of Washington Press, 2000, p. 15.

[38] 引文出自美国犹太裔女诗人爱玛·拉扎罗斯（Emma Lazarus）的诗作《新巨人》(*The New Colossus*) 的最后五行。原文为：Give me your tired, your poor, / Your huddled masses yearning to breathe free, /The wretched refuse of your teeming shore, / Send these, the homeless, tempest – tost to me: / I lift my lamp beside the golden door.

笔者参考了陆薇在《走向文化研究的美国华裔文学》中的译文，并做了部分改动。陆薇. 走向文化研究的华裔美国文学 [M]. 北京：中华书局，2007：71.

[39] Alan Chong Lau. "the promise". *Songs for Jadina*. Greenfield Center, New York: Greenfield Review Press, 1980.

[40] Marilyn Chin. *The Phoenix Gone, the Terrace Empty*. Minneapolis, Minnesota: Milkweed Editions, 1994, p. 32.

[41] Alan Chong Lau. "the promise". *Songs for Jadina*. Greenfield Center, New York: Greenfield Review Press, 1980.

[42] Russell Charles Leong. *The Country of Dreams and Dust*. Albuquerque, New Mexico: West End Press, 1993, p. 49.

[43] [英] 克朗. 文化地理学 [M]. 杨淑华等译. 南京：南京大学出版社，2003：55.

[44] [英] 克朗. 文化地理学 [M]. 杨淑华等译. 南京：南京大学出版社，2003：28.

[45] [英] 克朗. 文化地理学 [M]. 杨淑华等译. 南京：南京大学出版社，2003：205.

[46] Him Mark Lai, Genny Lim, and Judy Yung, trans. and eds. *Island: Poetry and History of Chinese Immigrants on Angel Island 1910 – 1940*. Seattle and London: University of Washington Press, 2000, p. 9.

[47] Homi K. Bhabha. "Introduction: Locations of Culture". *The Location of Culture*. London: Routledge, 1994, p. 1.

[48] [美] 萨义德. 格格不入: 萨义德回忆录 [M]. 彭淮栋译. 北京: 生活·读书·新知三联书店, 2004: 封面.

[49] Alan Chong Lau. "the promise." *Songs for Jadina*. Greenfield Center, New York: Greenfield Review Press, 1980.

[50] [美] 韦格纳. 空间批判: 批判的地理、空间、场所与文本性 [C] // [法] 热奈特等著. 文学理论精粹读本. 阎嘉编. 北京: 中国人民大学出版社, 2006: 137.

第三节

[51] "History of Chinatown L. A.". Chinatown, Los Angeles. http://www.chinatownla.com/history.php

[52] 蒲若茜. 族裔经验与文化想象 [M]. 北京: 中国社会科学出版社, 2006: 76.

[53] [英] 克朗. 文化地理学 [M]. 杨淑华等译. 南京: 南京大学出版社, 2003: 6.

[54] 维基百科. 洛杉矶唐人街 [OL]. http://en.wikipedia.org/wiki/Chinatown,_Los_Angeles

[55] 维基百科. 洛杉矶唐人街 [OL]. http://en.wikipedia.org/wiki/Chinatown,_Los_Angeles

[56] [英] 克朗. 文化地理学 [M]. 杨淑华等译. 南京: 南京大学出版社, 2003: 35.

[57] 蒲若茜. 华裔美国小说中的"唐人街"叙事 [J]. 深圳大学学报 (人文社会科学版), 2006 (2): 48.

[58] Alan Chong Lau. "my ship does not need a helmsman". *Songs for Jadina*. Greenfield Center, New York: Greenfield Review Press, 1980.

[59] Alan Chong Lau. "my ship does not need a helmsman". *Songs for Jadina*. Greenfield Center, New York: Greenfield Review Press, 1980.

[60] Cathy Song. *Picture Bride*. New Haven: Yale University Press, 1983,

pp. 61 – 63.

[61] Li – Young Lee. *The City in Which I Love you*. Rochester, New York: BOA Editions, 1990, pp. 23 – 24.

[62] Li – Young Lee. *The City in Which I Love you*. Rochester, New York: BOA Editions, 1990, p. 83.

[63] Li – Young Lee. *The City in Which I Love you*. Rochester, New York: BOA Editions, 1990, pp. 86 – 87.

[64] Shirley Geok – lin Lim. *Walking Backwards: New Poems*. Albuquerque, New Mexico: West End Press, 2010, p. 13.

[65] Marilyn Chin. *Dwarf Bamboo*. Greenfield Center, New York: Greenfield Review Press, 1987, p. 34.

[66] Denis Cosgrove. "Mapping/Cartography". *Cultural Geography: A Critical Dictionary of Key Concepts*. David Sibley, et al., eds. London and New York: I. B. Tauris & Co. Ltd., 2005, p. 32.

[67] 蒲若茜. 族裔经验与文化想象 [M]. 北京：中国社会科学出版社，2006：121.

[68] 蒲若茜. 族裔经验与文化想象 [M]. 北京：中国社会科学出版社，2006：122.

[69] Homi K. Bhabha. "Introduction: Locations of Culture". *The Location of Culture*. London: Routledge, 1994, p. 2.

[70] [英] 莫利，[英] 罗宾斯. 认同的空间：全球媒介、电子世界景观和文化边界 [M]. 司艳译. 南京：南京大学出版社，2001：98.

第四节

[71] Russell Charles Leong. *The Country of Dreams and Dust*. Albuquerque, New Mexico: West End Press, 1993, p. 48.

[72] Guido Bolaffi et al., eds. *Dictionary of Race, Ethnicity and Culture*. London: Sage Publications, 2003, pp. 177 – 178.

[73] Bryan S. Turner ed. *The Cambridge Dictionary of Sociology*. Cambridge, New York: Cambridge University Press, 2006, p. 384.

［74］Guido Bolaffi et al. , eds. *Dictionary of Race, Ethnicity and Culture*. London: Sage Publications, 2003, p. 112.

［75］Li－Young Lee. *Rose*. Rochester, New York: BOA Editions, 1986, p. 41.

［76］Bill Moyers. "A Well of Dark Waters". *Breaking the Alabaster Jar: Conversations with Li－Young Lee*. Ingersoll, Earl G. , ed. Rochester, New York: BOA Editions, 2006, p, 32.

［77］Li－Young Lee. *Rose*. Rochester, New York: BOA Editions, 1986, p. 60.

［78］Bill Moyers. "A Well of Dark Waters". *Breaking the Alabaster Jar: Conversations with Li－Young Lee*. Ingersoll, Earl G. , ed. Rochester, New York: BOA Editions, 2006, p, 32.

［79］Carolyn Lau. *Wode Shuofa: My Way of Speaking*. Santa Fe, New Mexico: Tooth of Time Books, 1988, p. 46.

［80］John Yau. *Radiant Silhouette: New and Selected Work, 1974－1988*. Santa Rosa, California: Black Sparrow Press, 1989, p. 125.

［81］Marilyn Chin. *Dwarf Bamboo*. Greenfield Center, New York: Greenfield Review Press, 1987, p. 42.

［82］Phillip Wegner. *Imaginary Communities: Utopia, the Nation, and the Spatial Histories of Modernity*. Berkeley and Los Angeles, California: University of California Press, 2002, p. xviii.

［83］Shirley Geok－lin Lim. *Walking Backwards: New Poems*. Albuquerque, New Mexico: West End Press, 2010, p. 19.

［84］Mike Crang. "Travel/Tourism". *Cultural Geography: A Critical Dictionary of Key Concepts*. David Sibley, et al. , eds. London and New York: I. B. Tauris & Co. Ltd. , 2005, p. 36.

［85］Shirley Geok－lin Lim. *what the fortune teller didn't say*. Albuquerque, New Mexico: West End Press, 1998, p. 41.

Marilyn Chin. *Rhapsody in Plain Yellow*. New York: W. W. Norton & Company, Inc. , 2002, p. 71.

Maxine Hong Kingston. *To be the Poet*. Cambridge, Massachusetts: Harvard University Press, 2002, pp. 98 – 99.

[86] Cathy Song. *Picture Bride*. New Haven: Yale University Press, 1983, p. 52.

[87] Anne – Marie Fortier. "Diaspora". *Cultural Geography: A Critical Dictionary of Key Concepts*. David Sibley, et al., eds. London and New York: I. B. Tauris & Co Ltd., 2005, p. 182.

[88] Mei – Mei Berssenbrugge. *Nest*. Berkeley, California: Kelsey Street Press, 2003, p. 46.

[89] Li – Young Lee. *Rose*. Rochester, New York: BOA Editions, 1986, p. 60.

[90] Olivia Espin. "The Immigrant Experience in Lesbian Studies". *The New Lesbian Studies: into the Twenty – First Century*. B. Zimmerman and T. McNaron eds. New York: Feminist Press, 1996, p. 82.

[91] Shirley Geok – lin Lim. *Walking Backwards: New Poems*. Albuquerque, New Mexico: West End Press, 2010, p. 28.

[92] Shirley Geok – lin Lim. *Walking Backwards: New Poems*. Albuquerque, New Mexico: West End Press, 2010, p. 48.

[93] Alan Chong Lau. *Blues and Greens: A Produce Worker's Journal*. Honolulu, Hawaii: University of Hawaii Press, 2000, p. 91.

[94] Mei – Mei Berssenbrugge. *Nest*. Berkeley, California: Kelsey Street Press, 2003, p. 11.

[95] Li – Young Lee. *The City in Which I Love you*. Rochester, New York: BOA Editions, 1990, p. 57.

[96] [美] 汤亭亭. 女勇士 [M]. 李剑波, 陆承毅译. 漓江: 漓江出版社, 1998: 98.

[97] Li – Young Lee. *Book of My Night*. Rochester, New York: BOA Editions, 2001, p. 11.

[98] Homi K. Bhabha. "Introduction: Locations of Culture". *The Location of Culture*. London: Routledge, 1994, p. 11.

[99] Bill Ashcroft, et al.. *Post – Colonial Studies: the Key Concepts*. The 2nd

edition. London, New York: Routledge, 2007, p. 190.

[100] Gilles Deleuze and Félix Guattari. *A Thousand Plateaus: Capitalism and Schizophrenia*. Brian Massumi trans. Minneapolis: University of Minnesota Press, 2005, pp. 5 – 6.

[101] Shirley Geok – lin Lim. *Walking Backwards: New Poems*. Albuquerque, New Mexico: West End Press, 2010, p. 68.

小结

[102] 公仲. 离散与文学 [J]. 华文文学, 2007 (5): 53.

第四章

第一节

[1] Li – Young Lee. *Rose*. Rochester, New York: BOA Editions, 1986, p. 17.

[2] Li – Young Lee. *Rose*. Rochester, New York: BOA Editions, 1986, p. 18.

[3] Li – Young Lee. *Rose*. Rochester, New York: BOA Editions, 1986, p. 18.

[4] Wenying Xu. "Li – Young Lee". *Asian American Poets: a Bio – Bibliography Critical Sourcebook*. Guiyou Huang ed. Connecticut: Westport, Greenwood Press, 2002. p. 207.

[5] Li – Young Lee. *Rose*. Rochester, New York: BOA Editions, 1986, p. 19.

[6] Zhou Xiaojing. "Inheritance and Invention in Li – Young Lee's poetry". *MELUS*, 20.1 (Spring 1996), p. 118.

[7] Wikipedia. "Apple Pie." http://en.wikipedia.org/wiki/Apple_pie

[8] Wing Tek Lum. *Expounding the Doubtful Points*. Honolulu Hawaii: Bamboo Ridge Press, 1987, p. 69.

[9] Marilyn Chin. *Rhapsody in Plain Yellow*. New York: W.W. Norton & Company, Inc., 2002, p. 13.

[10] 转引自[美]尹晓煌. 美国华裔文学史[M]. 徐颖果译. 天津：南开大学出版社, 2006：299.

[11] Li-Young Lee. *The City in Which I Love you*. Rochester, New York：BOA Editions, 1990, pp. 78-79.

[12] [美]尤金·安德森. 年表[M]//尤金·安德森. 中国食物. 刘东译. 南京：江苏人民出版社, 2002：xv.

[13] [美]弗里德里克·J. 西蒙. 郭于华译. 中国思想与中国文化中的食物[M]//[美]尤金·安德森. 中国食物. 刘东译. 南京：江苏人民出版社, 2002：265.

[14] Wing Tek Lum. *Expounding the Doubtful Points*. Honolulu, Hawaii：Bamboo Ridge Press, 1987, p. 105.

[15] 转引自王咏梅. 文化的"返乡"：论谭恩美小说中的文化冲突和融合[J]. 西南师范大学学报（人文社会科学版）, 2004（6）：162.

[16] Guido Bolaffi et al., eds. *Dictionary of Race, Ethnicity and Culture*. London：Sage Publications, 2003, p. 183.

[17] 转引自张子清. 华裔美国历史与社会现实生活的跨文化审视：华裔美国诗歌[C]//吴冰，王立礼主编. 华裔美国作家研究. 天津：南开大学出版社, 2009：466.

[18] Cathy Song. *School Figures*. Pittsburgh, Pennsylvania：University of Pittsburgh Press, 1994, p. 20.

[19] Wing Tek Lum. *Expounding the Doubtful Points*. Honolulu Hawaii：Bamboo Ridge Press, 1987, p. 80.

[20] Alan Chong Lau. *Blues and Greens：A Produce Worker's Journal*. Honolulu, Hawaii：University of Hawaii Press, 2000, p. 65.

[21] Li-Young Lee. *The City in Which I Love you*. Rochester, New York：BOA Editions, 1990, p. 83.

[22] [英]哈丁. 诗人画家与科学家画家[M]//阿恩海姆，霍兰，蔡尔德等. 艺术的心理世界. 周宪译. 北京：中国人民大学出版社, 2003：229.

[23] 陆薇. "胃口的政治"：美国华裔与非裔文学的互文性阅读[J]. 国外文学, 2001（3）：81.

第二节

[24] 周群. 宗教与文学 [M]. 南京:译林出版社,2009:3—10.

[25] 董小川. 宗教多元化——美国多元社会的根基 [C]//徐以骅主编. 宗教与美国社会(第2辑)——多元一体的美国宗教. 北京:时事出版社,2004:45.

[26] 转引自董小川. 20世纪美国宗教与政治 [M]. 北京:人民出版社,2002:89.

[27] 书信(epistle)特指《圣经·新约》中的由最早跟随基督的信徒书写的书信,通常译为宗徒/使徒书信

[28] 聂云. 20世纪70年代以来美国华裔宗教信仰探析 [D]. 长春:东北师范大学,2009:25.

[29] Karma:(佛教或印度教中)业,因果报应,缘分,命。

Ahimsa:不害:佛教戒律和行持的一个原则。不害也是在家佛教徒必须遵行的五戒和沙弥的十戒之一。现代的印度甘地继承了这种不害的思想,构成他非暴力主义的哲学原则,认为不害不仅是"一切生命的原则",也是"人类的基本法则"。

Bardo:死与再生之间的中间状态。

[30] *Durga* (also Durva):印度教女神,是黑暗和死亡的女神。

[31] Allahu Akbar! 阿拉伯语。

[32] Nirvana,印度教术语。

[33] Russell Charles Leong. *The Country of Dreams and Dust*. Albuquerque, New Mexico: West End Press, 1993, p. 24.

[34] 神父和牧师的区别产生于基督教的教制。神父是天主教的宗教职位,千百年来只有男性才可担当此职位,而且他们终身不可结婚。牧师是新教的宗教职位,他们可以结婚,女性亦可以成为牧师。

[35] Russell Charles Leong. *The Country of Dreams and Dust*. Albuquerque, New Mexico: West End Press, 1993, p. 25.

[36] Russell Charles Leong. *The Country of Dreams and Dust*. Albuquerque, New Mexico: West End Press, 1993, p. 24.

[37] Russell Charles Leong. *The Country of Dreams and Dust*. Albuquerque,

New Mexico: West End Press, 1993, p. 26.

[38] Russell Charles Leong. *The Country of Dreams and Dust*. Albuquerque, New Mexico: West End Press, 1993, p. 26

[39] Russell Charles Leong. *The Country of Dreams and Dust*. Albuquerque, New Mexico: West End Press, 1993, p. 27.

[40] Russell Charles Leong. *The Country of Dreams and Dust*. Albuquerque, New Mexico: West End Press, 1993, p. 27.

[41] Russell Charles Leong. *The Country of Dreams and Dust*. Albuquerque, New Mexico: West End Press, 1993, p. 34.

[42] Carolyn Lau. *Wode Shuofa: My Way of Speaking*. Santa Fe, New Mexico: Tooth of Time Books, 1988, p. 68, p. 42.

[43] Genny Lim. *Child of War*. Honolulu, Hawaii: Kalamaku Press, 2003, p. 43.

[44] Genny Lim. *Child of War*. Honolulu, Hawaii: Kalamaku Press, 2003, p. 43.

[45] Marilyn Chin. *The Phoenix Gone, the Terrace Empty*. Minneapolis, Minnesota: Milkweed Editions, 1994, pp. 74–75.

[46] Marilyn Chin. *Rhapsody in Plain Yellow*. New York: W. W. Norton & Company, Inc., 2002, p. 36.

[47] Marilyn Chin. *Rhapsody in Plain Yellow*. New York: W. W. Norton & Company, Inc., 2002, p. 93.

Marilyn Chin. *The Phoenix Gone, the Terrace Empty*. Minneapolis, Minnesota: Milkweed Editions, 1994, p. 39.

[48] Marilyn Chin. *Dwarf Bamboo*. Greenfield Center, New York: Greenfield Review Press, 1987, p. 36.

[49] Genny Lim. *Child of War*. Honolulu, Hawaii: Kalamaku Press, 2003, p. 40.

罗莎·帕克斯（Rosa Parks）是一个黑人女裁缝，在亚拉巴马州（Alabama）蒙哥马利（Montgomery）市的公交车上拒绝向一名白人男子让座，该事件最终引发了美国20世纪50—60年代的民权运动。

· 注　释 ·

伯明翰礼拜日：伯明翰市 16 街的黑人教堂曾在礼拜日被白人恐怖主义者用炸药炸毁地下室，造成四个女孩死亡。

马尔科姆·艾克斯（Malcolm X）于 1925 年出生在内布拉斯加州奥马哈市。马尔科姆原是穆斯林组织"伊斯兰民族"的头领，他到处发表演讲，强调族裔对立，煽动黑人对白人的仇恨。醒悟后，他放弃暴力，不再强调仇恨，追求黑人和白人之间的沟通、理解、博爱，成为声望仅次于马丁·路德·金的黑人运动领袖。

危地马拉的瑞格博塔·曼秋是 1992 年诺贝尔和平奖得主，致力于社会正义、伦理文化的和谐，为印第安人的权益奋斗。

一行禅师在欧美组建了许多"正念静修中心"，为社会各界提供了大量的帮助，取得了卓有成效的成绩，使佛教在西方产生了越来越大的影响。

昂山素季（Aung San Suu Kyi, 1945—），缅甸政治家，缅甸最大的反对党——缅甸全国民主联盟领导人，1991 年获得诺贝尔和平奖。

玛哈·哥沙纳达（Maha Ghosananda），柬埔寨佛教界最高长老。红色高棉政权垮台后他积极推动非暴力活动和民族和解，致力于佛教复兴，被人称为"柬埔寨的甘地"。

[50] Genny Lim. *Child of War*. Honolulu, Hawaii：Kalamaku Press, 2003, p. 40.

[51] Genny Lim. *Child of War*. Honolulu, Hawaii：Kalamaku Press, 2003, p. 36.

[52] *Webster's Encyclopedic Unabridged Dictionary of the English Language*. New York：Protland House, 1989.

[53] William L. Rowe. *Philosophy of Religion：An Introduction*. Fourth Edition. Belmont, CA：Wadsworth, Cengage Learning, 2007, p. 6.

[54] Li-Young Lee. *The City in Which I Love you*. Rochester, New York：BOA Editions, 1990, p. 36.

[55] Gerald Stein. "Foreword". *Rose*. Li-Young Lee. Rochester, New York：BOA Editions, 1986, p. 9.

[56] Li-Young Lee. *Rose*. Rochester, New York：BOA Editions, 1986, p. 42.

[57] Bill Moyers. "A Well of Dark Water (1988)". *Breaking the Alabaster Jar: Conversations with Li-Young Lee.* Earl G. Ingersoll ed. Rochester, New York: BOA Editions, 2006, pp. 39-40.

[58] Bill Moyers. "A Well of Dark Water (1988)". *Breaking the Alabaster Jar: Conversations with Li-Young Lee.* Earl G. Ingersoll ed. Rochester, New York: BOA Editions, 2006, p. 32.

第三节

[59] Wing Tek Lum. *Expounding the Doubtful Points.* Honolulu, Hawaii: Bamboo Ridge Press, 1987, p. 12.

[60] Wing Tek Lum. *Expounding the Doubtful Points.* Honolulu, Hawaii: Bamboo Ridge Press, 1987, pp. 33-34.

[61] Wing Tek Lum. *Expounding the Doubtful Points.* Honolulu, Hawaii: Bamboo Ridge Press, 1987, p. 100.

[62] Wing Tek Lum. *Expounding the Doubtful Points.* Honolulu, Hawaii: Bamboo Ridge Press, 1987, p. 100.

[63] 单德兴."疑义相与析":林永得·跨越边界·文化再创[C]//单德兴."开疆"与"辟土"——美国华裔文学与文化(作家访谈录与研究论文集)[C].天津:南开大学出版社,2006:103.

[64]《道德经》原文本为"道可道,非恒道。名可名,非恒名",但人们更为熟知的说法是为了避汉文帝刘恒名讳而改的"道可道,非常道,名可名,非常名"。老子原文更符合英文原意,故采用这一说法。

[65]《冤魂记·徐铁臼》:东海徐甲,前妻许氏,生一男,名铁臼。而许氏亡,甲改娶陈氏,凶虐之甚,欲杀前妻之子。陈氏产一男,生而祝之曰:"汝若不除铁臼,非吾子也。"因名之为铁杵,欲以捣臼也。于是捶打铁臼,备诸毒苦,饥不给食,寒不加絮。甲性暗弱,又多不在舍,后妻得意行其酷暴。铁臼竟以冻饿甚,被杖死,时年十六。亡后旬余,鬼忽还家,登陈氏床曰:"我铁臼也,实无罪,横见残害,我母诉怨于天,得天曹符,来雪我冤,当令铁杵疾病,与我遭苦时同,将去自有期日,我今停此待之。"声如生时,家人不见其形,皆闻其语,恒在屋梁上住。陈氏跪谢,频为设奠,鬼云:"不

须如此,俄我令死,岂是一餐所能酬谢?"陈氏夜中窃语道之,鬼应声云:"何故道我?今当断汝屋栋。"便闻锯声,屑亦随落,拉然有声响,如栋实崩。举家走出,炳烛照之,亦无异。又骂铁杵曰:"杀我,安坐宅上为快耶?当烧汝屋。"即见火然,烟烂火盛,内外狼籍,俄而自灭,茅茨俨然,不见亏损。日日骂詈,时复讴歌,歌云:"桃李花,严霜落奈何。桃李子,严霜落早已。"声甚伤凄,似是自悼不得成长也。于是铁杵六岁,鬼至,病体痛腹大,上气妨食。鬼屡打之,打处青黡,月余而死,鬼便寂然。

[66] Marilyn Chin. *Rhapsody in Plain Yellow*. New York: W. W. Norton & Company, Inc., 2002, p. 72.

[67] "I always think back to the T'ang Dynasty when I write poetry. I feel that I am very much a part of that Chinese tradition. I don't want to be cut off from it. That's why I studies classical Chinese. I feel it's very, very important…Our roots go way back. We're old souls…I feel close to my Chinese roots."

Marilyn Chin. "Writing the Other: A Conversation with Maxine Kong Kingston (1989)." *Conversations with Maxine Hong Kingston*. Paul Skenazy and Tera Martin eds. Jackson: University Press of Mississippi, 1998, p. 94.

[68] Maxine Hong Kingston. *To be the Poet*. Cambridge, Massachusetts: Harvard University Press, 2002, pp. 3-4.

[69] [英] 雪莱. 雪莱抒情诗全集 [C]. 江枫译. 长沙: 湖南文艺出版社, 1996: 257-263.

[70] Li-Young Lee. *The City in Which I Love you*. Rochester, New York: BOA Editions, 1990, p. 83.

[71] 美国超验主义是19世纪30年代始出现于新英格兰地区的思潮。从理论来源上看,超验主义一词原本是启蒙时代德国哲学家康德创立的哲学术语,它表示超越或独立于经验的人类天性。它建立在英国等欧洲国家浪漫主义思潮基础之上,也受到柏拉图、印度古典哲学、佛教等思想的影响。超验主义认为万物本质上统一,皆受"超灵"制约,人能超越感觉和理性而直接认识真理。

[72] Ralph Waldo Emerson. *Selected Writings*. New York: Modern Library, 1992, p. 285.

[73] Tod Marshall. "Riding a Horse That's a Little Too Wild for you (1996)". *Breaking the Alabaster Jar: Conversations with Li – Young Lee.* Earl G. Ingersoll ed. Rochester, New York: BOA Editions, 2006, pp. 125 – 127.

[74] Reamy Jansen. "Art and the Deeper Silence (1996)". *Breaking the Alabaster Jar: Conversations with Li – Young Lee.* Earl G. Ingersoll ed. Rochester, New York: BOA Editions, 2006, p. 74.

[75] Patty Cooper, Alex Yu. "Art Is Who We Are (1996)". *Breaking the Alabaster Jar: Conversations with Li – Young Lee.* Earl G. Ingersoll ed. Rochester, New York: BOA Editions, 2006, p. 62.

[76] 费德里科·加西亚·洛尔迦（Federico Garcia Lorca, 1898—1936）是西班牙诗人，他将诗歌与西班牙民谣结合，创造了一种形式多样、节奏优美哀婉、词句形象、易于吟唱的全新诗体。

大卫是传说中《圣经·旧约》中的《诗篇》的作者。

Tod Marshall. "Riding a Horse That's a Little Too Wild for you (1996)". *Breaking the Alabaster Jar: Conversations with Li – Young Lee.* Earl G. Ingersoll ed. Rochester, New York: BOA Editions, 2006, p. 127.

[77] William Heyen, Stan Sanvel Rubin. "Seeing the Power of Poetry (1987)". *Breaking the Alabaster Jar: Conversations with Li – Young Lee.* Earl G. Ingersoll ed. Rochester, New York: BOA Editions, 2006, pp. 18 – 19.

[78] T. S. Eliot. "Tradition and the Individual Talent (1917)". *Selected Essays.* New Ed edition. London: Faber and Faber Limited, 1999, p. 15.

[79] 福柯. 权力的眼睛——福柯访谈录 [M]. 上海：上海人民出版社，1997: 31.

[80] Marilyn Chin. *Rhapsody in Plain Yellow.* New York: W. W. Norton & Company, Inc., 2002, p. 86.

[81] John Keats. "Ode on a Grecian Urn". *Poetry: a Longman Pocket Anthology.* S. Gwynn, ed. The 2nd edition. Addison – Wesley Educational Publishers Inc., 1998, p. 107.

第五章

第一节

[1] 张子清. 历史与社会现实生活的跨文化审视——华裔美国诗歌的先声：在美国最早的华文诗歌 [J]：江汉大学学报（人文科学版），2008（5）：18-22.

[2] 王性初. 诗的灵魂在地狱中永生——美国天使岛华文遗诗新考 [J]. 华文文学，2005（1）.

[3][8][10] Him Mark Lai, Genny Lim, Judy Yung. Island: Poetry and History of Chinese Immigrants on Angel Island, 1910-1940 [M]. San Francisco: Kelsey Street Press, 1980.

[4] 诗集共收录了135首诗歌，其中正文部分按照上文介绍的分类方法展示了69首诗歌，剩余的66首诗歌由于部分字词遗失等原因统一收归在书后的附录中，任然为中英文对照的形式。

[5] 本书中使用的"天使岛诗歌"均出自《埃仑诗集》，以下引用均仅标明诗歌序号，不再标明出处。

[6] 转引自雷蒙·威廉斯. 关键词：文化与社会的词汇 [M]. 刘建基译. 北京：生活·读书·新知三联书店，2005.

[7]《木屋拘囚序》是编者独立排编于五章之后的一首长诗，全文洋洋洒洒共70行，文采华丽，借古喻近，具有强烈的民族情感和深厚的文化底蕴，是"天使岛诗歌"中的巅峰。

[9] 严歌苓. 扶桑 [M]. 台北：联经出版事业有限公司，1996.

[11] 分别为《独木舟》（中国文联出版社，1989年）、《月亮的青春期》（台湾文史哲出版社，1998）、《王性初短诗选》（香港银河出版社，2003）、《孤之旅》（中国文化出版社，2005）。

[12] 凌鼎年. 漂泊异国他乡的中国心——读美国王性初诗集《孤之旅》[J]. 世界华文文学论坛，2006（4）：31-32.

[13][16] 刘登翰. 一个孤独旅人的繁富世界——序《孤之旅》[A]. 王性初. 孤之旅 [M]. 中国文化出版社，2005.

[14][18][19][20][21] 王性初. 孤之旅 [M]. 中国文化出版

社，2005.

［15］哈雷. 漂泊中寻求诗意：王性初《孤之旅》的艺术追求［A］//王性初. 孤之旅［M］. 中国文化出版社，2005.

［17］李贵苍. 文化的重量：解读当代华裔美国文学［M］. 北京：人民文学出版社，2006.

［22］陈涵平. 迁徙中的守望——在比较中阅读王性初的诗集《月亮的青春期》［J］. 广东教育学院学报，2002（2）：33-37.

［23］1990年的《希斯美国文学选集》由劳特（Paul Lauter）主编，共收录了《埃仑诗集》中的13首"天使岛诗歌"。

［24］王德威. 想象中国的方法［M］. 北京：生活·读书·新知三联书店，1998.

［25］本句前四诗句分别引自《埃仑诗集》附录中的第2、24、14、29首诗歌。后两诗句出自《孤之旅》中的诗篇《孤独与寂静》和《孤独之旅》。

［26］温娟. 早期华裔美国诗歌研究——评《金山歌集》与《埃仑诗集》［D］. 福建师范大学，2008.

第二节

［1］Gerald Stern. "Foreword". *Rose*. New York：Brockport, BOA Editions, Ltd., 1986.

［2］李贵苍. 文化的重量：解读当代华裔美国文学［M］. 北京：人民文学出版社，2006.

［3］Tod Marshall. "To Witness the Invisible：a Talk with Li-Young lee". *Kenyon Review*. 22.1 (2000).

［4］Li-Young Lee. *Rose*. New York：Brockport, BOA Editions, Ltd., 1986.

［5］Wenying Xu. "Li-Young Lee". *Asian American Poets：a Bio-Bibliography Critical Sourcebook*. Guiyou Huang ed. Connecticut：Westport, Greenwood Press, 2002. p.206.

［6］蒲若茜. 前言［A］//族裔经验与文化想象：华裔美国小说典型母题研究［M］. 北京：中国社会科学出版社，2006.

［7］Zhou Xiaojing. "Inheritance and Invention in Li-Young Lee's poetry".

MELUS, 20.1（Spring 1996）.

［8］［英］哈丁. 诗人画家与科学家画家［A］// 阿恩海姆, 霍兰, 蔡尔德等. 艺术的心理世界［M］. 周宪译. 北京: 中国人民大学出版社, 2003.

［9］［美］阿恩海姆. 抽象语言与隐喻［A］// 阿恩海姆, 霍兰, 蔡尔德等. 艺术的心理世界［M］. 周宪译. 北京: 中国人民大学出版社, 2003.

［10］［美］阿恩海姆. 艺术与视知觉［M］. 滕守尧, 朱疆源译. 成都: 四川人民出版社, 2006.

［11］［英］博丹内. 视觉心理学［A］// 阿恩海姆, 霍兰, 蔡尔德等. 艺术的心理世界［M］. 周宪译. 北京: 中国人民大学出版社, 2003.

［12］［美］阿恩海姆. 色彩的理性化［A］// 阿恩海姆, 霍兰, 蔡尔德等. 艺术的心理世界［M］. 周宪译. 北京: 中国人民大学出版社, 2003.

［13］［法］梅洛 - 庞蒂. 眼睛与心灵［M］. 转引自王岳川. 身体意识与知觉美学［OL］. http://www.cnphenomenology.com/modules/article/view.article.php/604/c7.

［14］张子清. 华裔美国历史与社会现实生活的扩文化审视: 华裔美国诗歌［A］// 吴冰, 王立礼编. 华裔美国作家研究［M］. 天津: 南开大学出版社, 2009.

［15］George McMichael, J. C. Levenson, Leo, Marx, etc. ed. *Anthology of American Literature*（Volume 1: Colonial Through Romantic）. 7th edition. New Jersey: Prentice - Hall, Inc., 2000.

［16］Wenying Xu. "Transcendentalism, Ethnicity and Food in the Work of Li - Young Lee". *Boundary* 2006 33（2）.

［17］Li - Young Lee. *The City in Which I Love You*. New York: Brockport, BOA Editions, Ltd., 1990.

［18］欧亚玲. 寻归荒野——论《瓦尔登湖》与超验主义［J］. 安徽文学, 2008（12）.

［19］Walter Hesford. "*The City in Which I Love You*: Li - Young Lee's Excellent Song". *Christianity and Literature*. 46.1（Autumn 1996）.

［20］赵冬梅. 心理创伤的治疗模型与理论［J］. 华南师范大学学报（社会科学版）, 2009（3）.

［21］［奥］弗洛伊德. 超越快乐原则［M］// 弗洛伊德. 弗洛伊德文集（第4卷）［M］. 杨韶刚译. 长春：长春出版社，2004.

［22］Julian Wolfreys. "Trauma, Testimony, Criticism: Witnessing, Memory and Responsibility". *Introducing Criticism at the 21st Century*. Julian Wolfreys ed. Edinburgh: Edinburgh University Press, 2002.

［23］Bill Moyers. "Interview with Li-Young Lee". *The Language of Life: a Festival of Poets*. New York: Doubleday, 1995.

［24］Yibing Huang. "The Winged Seed". *Amerasia Journal*. 24.2 (summer 1998).

参考文献

一、诗集

Berssenbrugge, Mei - Mei. *Empathy*. Barrytown, New York: Station Hill Press, 1989.

——. *Nest*. Berkeley, California: Kelsey Street Press, 2003.

Chin, Marilyn. *Dwarf Bamboo*. Greenfield Center, New York: Greenfield Review Press, 1987.

——. *Rhapsody in Plain Yellow*. New York: W. W. Norton & Company, Inc., 2002.

——. *The Phoenix Gone, the Terrace Empty*. Minneapolis, Minnesota: Milkweed Editions, 1994.

Kingston, Maxine Hong. *To be the Poet*. Cambridge, Massachusetts: Harvard University Press, 2002.

Lau, Alan Chong. *Blues and Greens: A Produce Worker's Journal*. Honolulu, Hawaii: University of Hawaii Press, 2000.

——. *Songs for Jadina*. Greenfield Center, New York: Greenfield Review Press, 1980.

Lau, Carolyn. *Wode Shuofa: My Way of Speaking*. Santa Fe, New Mexico: Tooth of Time Books, 1988.

Lee, Li - Young. *Behind My Eyes*. New York: W. W. Norton & Company, Inc., 2008.

——. *Book of My Night*. Rochester, New York: BOA Editions, 2001.

——. *Rose*. Rochester, New York: BOA Editions, 1986.

——. *The City in Which I Love you*. Rochester, New York: BOA Editions, 1990.

Leong, Russell Charles. *The Country of Dreams and Dust*. Albuquerque, New Mexico: West End Press, 1993.

Lim, Genny. *Child of War*. Honolulu, Hawaii: Kalamaku Press, 2003.

Lim, Shirley Geok-lin. *Walking Backwards: New Poems*. Albuquerque, New Mexico: West End Press, 2010.

——. *what the fortune teller didn't say*. Albuquerque, New Mexico: West End Press, 1998.

Lum, Wing Tek. *Expounding the Doubtful Points*. Honolulu, Hawaii: Bamboo Ridge Press, 1987.

Song, Cathy. *Frameless Windows, Squares of Light: Poems*. New York: W. W. Norton & Company, Inc., 1988.

——. *Picture Bride*. New Haven: Yale University Press, 1983.

——. *School Figures*. Pittsburgh, Pennsylvania: University of Pittsburgh Press, 1994.

——. *The Land of Bliss*. Pittsburgh, Pennsylvania: University of Pittsburgh Press, 2001.

Sze, Arthur. *Quipu*. Port Townsend, Washington: Copper Canyon Press, 2005.

——. *The Willow Wind: Translations from the Chinese and Poems by Arthur Sze*. Santa Fe, New Mexico: Tooth of Time Books, 1981.

——. *The Redshifting Web: Poems*, 1970-1998. Port Townsend, Washington: Copper Canyon Press, 1998.

Yau, John. *Radiant Silhouette: New and Selected Work*, 1974-1988. Santa Rosa, California: Black Sparrow Press, 1989.

二、诗选集

Bruchac, Joseph, ed. *Breaking Silence: An Anthology of Contemporary Asian American Poets*. Greenfield Center, New York: Greenfield Review Press, 1983.

Chang, Victoria M., ed. *Asian American Poetry: The Next Generation*. Urbana-Champaign: University of Illinois Press, 2004.

Chock, Eric, ed. *Growing Up Local*: *An Anthology of Poetry and Prose from Hawai'i*. Honolulu, Hawaii: Bamboo Ridge Press, 1998.

Hom, Marlon, ed. *Songs of Gold Mountain*: *Cantonese Rhymes from San Francisco Chinatown*. Berkeley and Los Angeles, California: University of California Press, 1992.

Hongo, Garrett, ed. *The Open Boat*: *Poems from Asian America*. New York: Anchor Books, 1993.

Lai, Him Mark, Genny Lim, and Judy Yung, trans. and eds. *Island*: *Poetry and History of Chinese Immigrants on Angel Island* 1910 – 1940. San Francisco: HOC DOI Project, 1980.

Lew, Walter K., ed. *Premonitions*: *The Kaya Anthology of New Asian North American Poetry*. New York: Kaya Productions, 1995.

Wand, David Hsin – Fu, ed. *American Heritage*: *An Anthology of Prose and Poetry*. New York: Washington Square Press, 1974.

Wang, L. Ling – chi, and Henry Yiheng Zhao, eds. *Chinese American Poetry*: *An Anthology*. Santa Barbara, California: Asian American Voices, 1991.

[美] 王灵智, 黄秀玲, 赵毅衡编译. 两条河的意图: 当代美国华裔诗人作品选 [M]. 上海: 上海文艺出版社, 1990.

三、英文参考文献

1. 理论资料类:

Abrams, M. H.. *A Glossary of Literary Terms*. Seventh edition. Boston, Massachusetts: Heinle & Heinle, 1999.

Aguirre, Adalberto Jr., and Jonathan H. Turner. *American Ethnicity*: *The Dynamics and Consequences of Discrimination*. The 4th edition. New York: McGraw – Hill, 2004.

Ashcroft, Bill, Gareth Griffiths, and Helen Tiffin. *Post – Colonial Studies*: *the Key Concepts*. Second Edition, New York: Routledge, 2007.

——, eds. *The Post – Colonial Studies Reader*. New York: Routledge, 1995.

Assmann, Jan. *Religion and Cultural Memory*. Rodney Livingstone trans.,

Stanford, California: Stanford University Press, 2006.

———. "Collective Memory and Cultural Identity". John Czaplicka tran. *New German Critique*, No. 65, Cultural History/Cultural Studies, 1995 (Spring – Summer).

Atkinson, David, et al., eds. *Cultural Geography: A Critical Dictionary of Key Concepts*. London and New York: I. B. Tauris & Co. Ltd., 2005.

Bachelard, Gaston. *The Poetics of Space*. Maria Jolas trans. New York: The Orion Press, 1964.

Bassnett, Susan, and Harish Trivedi, eds. *Translation Studies: Theory and Practice*. New York: Routledge, 1999.

Bhabha, Homi K. *The Location of Culture*. New York: Routledge, 1994.

———, ed. Nation and Narration. New York: Routledge, 1990.

Boheemen – Saaf, Christine van. *Joyce, Derrida, Lacan and the Trauma of History: Reading, Narrative and Postcolonialism*. Cambridge, United Kingdom: Cambridge University Press, 2004.

Bolaffi, Guido, et al., eds. *Dictionary of Race, Ethnicity and Culture*. London, Thousand Oaks, New Delhi: SAGE Publications, 2003.

Bulmer, Martin, and John Solomos, eds. *Racism*. Oxford, UK: Oxford University Press, 1999.

Caruth, Cathy. *Unclaimed Experience: Trauma, Narrative, and History*. Baltimore: Johns Hopkins University Press, 1996.

Chambers, Iain, and Lidia Curti, eds. *The Post – Colonial Question: Common Skies, Divided Horizons*. New York: Routledge. 1996.

Chrisman, Laura. *Postcolonial Contraventions: Cultural Readings of Race, Imperialism and Transnationalism*. Manchester and New York: Manchester University Press, 2003.

Cosgrove, Denis. "Mapping/Cartography". *Cultural Geography: A Critical Dictionary of Key Concepts*. David Sibley, et al., eds. London and New York: I. B. Tauris & Co. Ltd., 2005.

Crang, Mike. "Travel/Tourism." *Cultural Geography: A Critical Dictionary of*

Key Concepts. David Sibley, et al., eds. London and New York: I. B. Tauris & Co. Ltd., 2005.

Dalzell, Tom ed. *The Routledge Dictionary of Modern American Slang and Unconventional English*. New York, NY: Routledge, 2009.

Deleuze, Gilles and Guattari, Félix. *A Thousand Plateaus: Capitalism and Schizophrenia*. Brian Massumi trans. Minneapolis: University of Minnesota Press, 2005.

Dyson, A. E. *Poetry Criticism and Practice: Developments since the Symbolists*. Houndmills, Basingstoke, Hampshire and London: Macmillan Education Ltd., 1986.

Eder, Klaus, et al. *Collective Identities in Action: A Sociological Approach to Ethnicity*. Hampshire, England: Ashgate Pub Ltd, 2002.

Eliot, T. S.. *Selected Essays*. New Ed edition. London: Faber and Faber Limited, 1999.

Emerson, Ralph Waldo. *Selected Writings*. New York: Modern Library, 1992.

Espin, Olivia. "The Immigrant Experience in Lesbian Studies". *The New Lesbian Studies: into the Twenty-First Century*. B. Zimmerman and T. McNaron eds. New York: Feminist Press, 1996.

Evans, Bergen and Evans, Cornelia eds. *A Dictionary of Contemporary American Usage*. New York, NY: Random House, Inc., 1957.

Fanon, Frantz. *Black Skin, White Masks*. Charles Lam Markmann, trans., New York: Grove Press, 1967.

Fassin, Didier and Rechtman, Richard. *The Empire of Trauma: An Inquiry into the Condition of Victimhood*. Princeton University Press, 2009.

Fears, Darryl. "Hue and Cry on 'Whiteness Studies': An Academic Field's Take on Race Stirs Interest and Anger" *Washington Post*, June 20, 2003.

Fenton, Steve. *Ethnicity*. Cambridge, UK: Polity Press, 2003.

Ferber, Michael. *A Dictionary of Literary Symbols*. Second edition. New York: Cambridge University Press, 2007.

Ferguson, Margaret, Mary J. Salter, and Jon Stallworthy, eds. *The Norton An-*

thology of Poetry. The 5th Edition. New York: W. W. Norton & Company, Inc., 2005.

Fischer‐Tiné, Harald, and Susanne Gehrmann, eds. *Empires and Boundaries: Rethinking Race, Class, and Gender in Colonial Settings*. New York: Routledge, 2009.

Fortier, Anne‐Marie. "Diaspora". *Cultural Geography: A Critical Dictionary of Key Concepts*. David Sibley, et al., eds. London and New York: I. B. Tauris & Co. Ltd., 2005.

Frankerberg, Ruth. *White Woman, Race Matters: The Social Construction of Whiteness*. Minneapolis, MN: University of Minnesota Press, 1993.

Gill, Jo. *Women's Poetry*. Edinburgh, UK: Edinburgh University Press Ltd., 2007.

Hall, Stuart. "Cultural Identity and Diaspora." *Identity: Community, Culture, Difference*. Jonathan Rutherford, ed. London: Lawrence and Wishart, 1990.

Harmon, William, ed. *Classic Writings on Poetry*. New York: Columbia University Press, 2003.

Herman, Judith Lewis. *Trauma and Recovery*. New York: BasicBooks, 1992.

Hsu, Madeline Yuan‐yin. *Dreaming of Gold, Dreaming of Home – Transnationalism and Migration between the United States and South China, 1882‐1943*. Stanford, California: Stanford University Press, 2000.

Keats, John. "Ode on a Grecian Urn". *Poetry: a Longman Pocket Anthology*. S. Gwynn, ed. The 2nd edition. Addison-Wesley Educational Publishers Inc., 1998.

Komara, Edward, ed. *Encyclopedia of the Blues*. New York: Routledge, 2006.

Leech, Geoffrey N.. *A Linguistic Guide to English Poetry*. London and New York: Longman, 1969.

Levinson, David. *Ethnic Relations: A Cross‐Cultural Encyclopedia*. Santa Barbara, California: ABC‐CLIO, Inc., 1994.

Meister, Richard J., ed. *Race and Ethnicity in Modern America*. Lexington, Massachusetts: D. C. Heath and Company, 1974.

Morrison, Toni. *Playing in the Dark: Whiteness and the Literary Imagination*.

Cambridge, Massachusetts: Harvard University Press, 1992.

Nagal, Joane. *Race, Ethnicity, and Sexuality: Intimate Intersections, Forbidden Frontiers.* New York: Oxford University Press, 2003.

Ono, Kent A. , ed. *A Companion to Asian American Studies.* Malden, Massachusetts: Blackwell Publishing Ltd. , 2005.

Ramazani, Jahan. *A Transnational Poetics.* Chicago: University of Chicago Press, 2009.

Reeves, Thomas C. *Twentieth – century America: A Brief History.* Oxford and New York: Oxford University Press, 2000.

Richard, Schaefer, ed. *Encyclopedia of Race, Ethnicity, and Society.* London, Thousand Oaks, New Delhi: SAGE Publications, 2008.

Richards, Graham. *'Race', Racism and Psychology: Towards a Reflexive History.* New York: Routledge, 1997.

Ricoeur, Paul. *Memory, History, Forgetting.* Kathleen Blarney and David Pellauer, trans. Chicago: The University of Chicago Press, 2004.

Roberts, J. A. G. *China to Chinatown: Chinese Food in the West.* London, UK: Reaktion Books Ltd. , 2002.

Roediger, David. *The Wages of Whiteness: Race and the Making of the American Working Class.* New York, NY: New Left Books, 2003.

Rowe, William L. . *Philosophy of Religion: An Introduction.* Fourth Edition. Belmont, CA: Wadsworth, Cengage Learning, 2007.

Said, Edward W. *Culture and Imperialism.* New York: Alfred A. Knope, Inc. , 1993.

——. *Orientalism.* New York: Vintage Books Edition, 1979.

——. *Reflections on Exile and Other Essays.* Cambridge, Massachusetts: Harvard University Press, 2000.

Schwarz, Henry, and Sangeeta Ray, eds. *A Companion to Postcolonial Studies.* Malden, Massachusetts: Blackwell Publishing Ltd. , 2005.

Sheth, Falguni A. *Toward a Political Philosophy of Race.* New York: State University of New York, 2009.

Smith, Anthony D. *Ethno – Symbolism and Nationalism: A Cultural Approach*. New York: Routledge, 2009.

Sollors, Werner. *Beyond Ethnicity: Consent and Descent in American Culture*. Oxford and New York: Oxford University Press, 1986.

Spivak, Gayatri Chakravorty. A *Critique of Postcolonial Reason: Toward a History of the Vanishing Present*. Cambridge, Massachusetts: Harvard University Press, 1999.

——, ed. *The Invention of Ethnicity*. Oxford and New York: Oxford University Press, 1989.

Strachan, John and Terry, Richard. *Poetry*. 上海：上海外语教育出版社, 2009.

Teo, Thomas. *The Critique of Psychology: From Kant to Postcolonial Theory*. Springer Science + Business Media, Inc. , 2005.

Turner, Bryan S. ed. *The Cambridge Dictionary of Sociology*. Cambridge, New York: Cambridge University Press, 2006.

Wegner, Phillip E. . *Imaginary Communities: Utopia, the Nation, and the Spatial Histories of Modernity*. Berkeley and Los Angeles, California: University of California Press, 2002.

Wolfreys, Julian. *Introducing Criticism at the 21st Century*. Edinburgh: Edinburgh University Press, 2002.

Wong, Berbard P. *Chinatown: Economic Adaption and Ethnic Identity of the Chinese*. New York: CBS College Publishing, 1982.

Wu, William F. *The Yellow Peril – Chinese Americans in American Fiction 1850 – 1940*. North Haven, Connecticut: Archon Books, 1982.

2. 本领域相关研究类：

Adams, Bella. *Asian American Literature*. Edinburgh: Edinburgh University Press, 2008.

Bernier, Lucie, ed. *Aspects of Diaspora: Studies on American Chinese Writers*. New York: Peter Lang, 2001.

Bisiar, Peng. "Beyond Virtue and Vice: The Literary Self in Chinese – American Literature". Ph. D. diss., Bowling Green State University, 1990.

Bonetti, Kay. "An Interview with Maxine Hong Kingston (1986)". *Conversations with Maxine Hong Kingston*, Paul Skenazy and Tera Martin ed. Jackson: University Press of Mississippi, 1998.

Bow, Leslie. *Betrayal and Other Acts of Subversion: Feminism, Sexual Politics, Asian American Women's Literature.* Princeton: Princeton University Press, 2001.

Chan, Jeffery Paul et al., eds. *Aiiieeeee! An Anthology of Asian American.* Washington D. C.: Howard University Press, 1974.

——. *The Big Aiiieeeee! An Anthology of Chinese American and Japanese American Literature.* New York: Meridian, 1991.

Chang, Chiung – Huei Joan. "Neither – nor Or Both – and: A Study of Chinese American Writers." Ph. D. diss., University of Oregon, 1994.

Chang, Juliana. "Reading Asian American Poetry." *MELUS*, Volume 21, Number 1 (Spring 1996): 81 – 98.

Chang, Keng Wah Kenneth. "'Peripheral' Chinese Americans and the Cultural Politics of Chinese Diaspora, Transnationalism, and Return". Ph. D. diss., University of Florida, 1999.

Chen, Tina. *Double Agency: Acts of Impersonation in Asian American Literature and Culture.* Stanford, California: Stanford University Press, 2005.

Cheng, Anne Anlin. *The Melancholy of Race: Psychoanalysis, Assimilation, and Hidden Grief.* Oxford and New York: Oxford University Press, 2001.

Chin, Frank. *Bulletproof Buddhists and Other Essays.* Honolulu, Hawaii: University of Hawaii Press, 1998.

——. "Afterward". MELUS, 1976 (3).

Chin, Marilyn. "Writing the Other: A Conversation with Maxine Hong Kingston (1989)". *Conversations with Maxine Hong Kingston.* Paul Skenazy and Tera Martin eds. Jackson: University Press of Mississippi, 1998.

Cooper, Chris. "Li – Young Lee: The Poem within the Poet". http://www.jadedragon.com/archives/bookrevu/liyounglee.html.

Eng, David L. *Racial Castration*: *Managing Masculinity in Asian America*. Durham and London: Duke University Press, 2001.

Huang, Guiyou. *The Columbia Guide to Asian American Literature Since* 1945. New York: Columbia University Press, 2006.

——, ed. *Asian American Literary Studies*. Edinburgh: Edinburgh University Press, 2005.

——, ed. *Asian American Poets*: *A Bio – Bibliographical Critical Sourcebook*. Westport, Connecticut: Greenwood Press, 2002.

Huang, Guiyou, and Wu Bing, eds. *Global Perspectives on Asian American Literature*. 北京: 外语教学与研究出版社, 2008.

Huang, Yibing. "The Winged Seed". *Amerasia Journal*. 24.2 (summer 1998).

Huang, Yunte. "The Poetics of Displacement: Ethnography, Translation, and Intertextual Travel in Twentieth – Century American Literature." Ph. D. diss., University of New York, 1999.

Ingersoll, Earl G., ed. *Breaking the Alabaster Jar*: *Conversations with Li – Young Lee*. Rochester, New York: BOA Editions, 2006.

Ingham, Mike. "Writing on the Margin: Hong Kong English Poetry, Fiction and New Creative Ficition." *City voices*: *Hong Kong Writing in English*, 1945 *to the Present*. Xu Xi and Mike Ingham eds. Hong Kong: Hong Kong University Press, 2003.

Jin, Wen. "Rethinking Cultural Translation: Multiculturalism and Chinese American Transnational Literature." Ph. D. diss., Northwestern University, 2006.

Kim, Elaine H. *Asian American Literature – An Introduction to the Writings and Their Social Context*. Beijing: Foreign Language Teaching and Research Press, 2006.

Koshy, Susan. *Sexual Naturalization*: *Asian Americans and Miscegenation*. Stanford, California: Stanford University Press, 2004.

Lee, Li – Young. *The Winged Seed*: *A Remembrance*. New York: Simon and Schuster, 1995.

Li, Guicang. "The Literature of Chinese American Literature". Ph. D. diss., Indiana University of Pennsylvania, 2002.

Lim, Shirley Geok-Lin, Larry E. Smith, and Wimal Dissanayake, eds. *Transnational Asia Pacific: Gender, Culture, and the Public Sphere*. Urbana and Chicago: University of Illinois Press, 1999.

Ling, Amy. "Writer in the Hyphenated Condition: Diana Chang". *Asian-American Writers*. Harold Bloom, ed. Philadelphia: Chelsea House Publishers, 1999.

Lowe, Lisa. *Immigrant Acts: on Asian American Cultural Politics*. Durham and London: Duke University Press, 1999.

Ma, Sheng-mei. *Immigrant Subjectivities: in Asian American and Asian American Literatures*. New York: State University of New York Press, 1998.

McCormick, Adrienne. "Practicing Poetry, Producing Theory: Op/Positional Poetics in Contemporary Multi-Ethnic American Poetries." Ph. D. diss., University of Maryland, 1998.

Okihiro, Gary Y. *Margins and Mainstreams: Asians in American History and Culture*. Seattle and London: University of Washington Press, 1994.

Palambo-Liu, David. *Asian American: Historical Crossings of a Racial Frontier*. Stanford, California: Stanford University Press, 1999.

Tiedt, April Melissa. "Framing Memories: Photography in the Poetry of Cathy Song." M. A. thesis, Angelo State University, 2002.

Wang, Dorothy Joan. "Necessary Figures: Metaphor, Irony and Parody in the Poetry of Li-Young Lee, Marilyn Chin, and John Yau". Ph. D. diss., University of California, Berkeley, 1998.

Wong, Sau-ling Cynthia. *Reading Asian American Literature: From Necessity to Extravagance*. New Jersey: Princeton University Press, 1993.

Yin, Xiao-huang. *Chinese American Literature since the 1850s*. Urbana and Chicago: University of Illinois Press, 2000.

Young, Mary E. *Mules and Dragons: Popular Cultural Images in the Selected Writings of African-American and Chinese-American Women Writers*. Westport: Greenwood Press, 1993.

Yu, Timothy. "The Sociology of the Avant-garde: Politics and Form in Language Poetry and Asian American Poetry". Ph. D. diss., Stanford University, 2004.

Zhang, Benzi. *Asian Diaspora Poetry in North America*. New York and London: Routledge, 2008.

Zhou, Xiaojing. "Inheritance and Invention in Li-Young Lee's Poetry". *MELUS*, Volume 21, Number 1 (Spring 1996): 113-132.

四、中文参考文献

1. 理论资料类：

［美］哈罗德·艾萨克. 美国的中国形象［M］. 于殿利, 陆日宇译. 北京: 时事出版社, 1999.

［美］本尼迪克特·安德森. 想象的共同体: 民族主义的起源与散布［M］. 吴叡人译. 上海: 上海人民出版社, 2005.

［英］凯·安德森等主编. 文化地理学手册［C］. 李蕾蕾, 张景秋译. 北京: 商务印书馆, 2009.

［美］尤金·安德森. 中国食物［M］. 刘东译. 南京: 江苏人民出版社, 2002.

［美］霍米·巴巴. 张萍译. 他者的问题: 刻板印象和殖民话语［C］. // 视觉文化读本. 罗岗, 顾铮主编. 桂林: 广西师范大学出版社, 2003.

［法］西蒙娜·德·波伏娃. 第二性［M］. 陶铁柱译. 北京: 中国书籍出版社, 1998.

［法］莫里斯·布朗肖. 文学空间［M］. 顾嘉琛译. 北京: 商务印书馆, 2003.

陈顺馨, 戴锦华选编. 妇女、民族与女性主义［C］. 北京: 中央编译出版社, 2004.

陈植锷. 诗歌意象论——微观诗史初探［M］. 北京: 中国社会科学出版社, 1990.

程观林. 古今诗歌韵律［M］. 上海: 汉语大词典出版社, 2000.

戴超武. 美国移民政策与亚洲移民: 1849—1996［M］. 北京: 中国社会科学出版社, 1999.

邓乔彬. 有声画与无声诗 [M]. 上海: 上海社会科学院出版社, 1993.

邓蜀生. 世代悲欢"美国梦": 美国的移民历程及种族矛盾, 1607—2000 [M]. 北京: 中国社会科学出版社, 2001.

董小川. 20世纪美国宗教与政治 [M]. 北京: 人民出版社, 2002.

——. 宗教多元化——美国多元社会的根基 [C] //徐以骅主编. 宗教与美国社会（第2辑）——多元一体的美国宗教. 北京: 时事出版社, 2004.

[法] 弗朗兹·法农. 黑皮肤, 白面具 [M]. 万冰译. 南京: 译林出版社, 2005.

——. 生为黑人 [C] //视觉文化读本. 罗岗, 顾铮主编. 桂林: 广西师范大学出版社, 2003.

范玉春. 移民与中国文化 [M]. 桂林: 广西师范大学出版社, 2005.

[奥] 弗洛伊德. 超越快乐原则 [C] //弗洛伊德. 弗洛伊德文集（第4卷）. 杨韶刚译. 长春: 长春出版社, 2004.

[法] 福柯. 权力的眼睛——福柯访谈录 [M]. 上海: 上海人民出版社, 1997.

公仲. 离散与文学 [J]. 华文文学, 2007 (5).

辜正坤. 中西诗比较鉴赏与翻译理论 [M]. 北京: 清华大学出版社, 2003.

[美] 古拉尔尼克等. 蓝调百年之旅 [C]. 李佳纯等译. 北京: 中国人民大学出版社, 2005.

古远清, 孙光萱. 诗歌修辞学 [M]. 武汉: 湖北教育出版社, 1995.

[英] 哈丁. 诗人画家与科学家画家 [M] //阿恩海姆, 霍兰, 蔡尔德等. 艺术的心理世界. 周宪译. 北京: 中国人民大学出版社, 2003.

[英] 赫伯特, [英] 韦特莫尔著. 抚平创伤 [M]. 周晓林等译. 北京: 中国轻工业出版社, 2001.

滑明达. 文化超越与文化认知——美国社会文化研究 [M]. 北京: 中国社会科学出版社, 2006.

[英] 斯图亚特·霍尔. 表征: 文化表象与意指实践 [M]. 徐亮, 陆兴华译. 北京: 商务印书馆, 2003.

——. 文化身份与族裔散居 [C] //文化研究读本. 罗钢, 刘象愚主编.

北京：中国社会科学出版社，2000.

［英］巴特·穆尔·吉尔伯特．后殖民理论——语境、实践、政治［M］．陈仲丹译．南京：南京大学出版社，2004.

姜飞．跨文化传播的后殖民语境［M］．北京：中国人民大学出版社，2005.

江宜桦．自由主义、民族主义与国家认同［M］．台北：扬智文化事业股份有限公司，1998.

［英］柯里．后现代叙事理论［M］．宁一中译．北京：北京大学出版社，2003.

［英］迈克·克朗．文化地理学［M］．杨淑华，宋慧敏译．南京：南京大学出版社，2003.

［法］马克·勒伯．身体意象［M］．汤皇珍译．沈阳：春风文艺出版社，1999.

李春辉等．美洲华侨华人史［M］．北京：东方出版社，1990.

刘汉彪，杨安耀．美国华侨史［M］．广州：广东教育出版社，1989.

刘继南，何辉等著．镜像中国——世界主流媒体中的中国形象［M］．北京：中国传媒大学出版社，2006.

刘凌尘．中国移民到美国遭遇的一幕：旧金山天使岛移民局［D］．清华大学人文社会科学学院历史系，2004.

陆国俊．美洲华侨史话（增订版）［M］．北京：商务印书馆，1997.

陆扬，王毅．文化研究导论［M］．上海：复旦大学出版社，2006.

罗钢，刘象愚主编．后殖民主义文化理论［M］．北京：中国社会科学出版社，1999.

——．文化研究读本［M］．北京：中国社会科学出版社，2000.

［美］罗森布鲁姆，［美］威廉斯，［美］沃特金斯卡著．精神创伤之后的生活［M］．田成华等译．北京：中国轻工业出版社，2001.

［法］雅克·马利坦．艺术与诗中的创造性直觉［M］．刘有元等译．北京：生活·读书·新知三联书店，1991.

麦礼谦．从华侨到华人：二十世纪美国华人社会发展史［M］．香港：三联书店有限公司，1992.

［英］戴维·莫利，［英］凯文·罗宾斯．认同的空间：全球媒介、电子世界景观与文化边界［M］．司艳译．南京：南京大学出版社，2001．

［法］莫里斯·哈布瓦赫．论集体记忆［M］．毕然，郭金华译．上海：上海人民出版社，2002．

［英］莫利，［英］罗宾斯．认同的空间：全球媒介、电子世界景观和文化边界［M］．司艳译．南京：南京大学出版社，2001．

［法］让-吕克·南茜．陈永国译．身体［C］//汪民安编．文化、权力和生命政治学．长春：吉林人民出版社，2003．

饶芃子．比较诗学［M］．西安：陕西师范大学出版社，2000．

［法］热拉尔·热奈特．叙事话语 新叙事话语［M］．王文融译．北京：中国社会科学出版社，1990．

［美］爱德华·萨义德．东方学［M］．王宇根译．北京：生活·读书·新知三联书店，1999．

——．东方主义再思考［C］//后殖民主义文化理论．赛义德等著．陈永国等译．北京：中国社会科学出版社，1999．

——．格格不入：萨义德回忆录［M］．彭淮栋译．北京：生活·读书·新知三联书店，2004．

——．人文主义与民主批判［M］．朱生坚译．北京：新星出版社，2006．

——．赛义德自选集［M］．谢少波，韩刚译．北京：中国社会科学出版社，1999．

——．文化与帝国主义［M］．李琨译．北京：生活·读书·新知三联书店，2003．

邵汉明主编．中国文化精神［M］．北京：商务印书馆，2000．

生安锋．霍米·巴巴的后殖民理论研究［D］．北京：北京语言大学，2004．

唐伟胜．叙事（中国版（第一辑））［C］．广州：暨南大学出版社，2008．

汪民安．身体、空间与后现代性［C］．南京：江苏人民出版社，2005．

王德威．想象中国的方法：历史·小说·叙事［M］．北京：生活·读书·新知三联书店，1998．

王珂.诗歌文体学导论:诗的原理和诗的创造[M].哈尔滨:北方文艺出版社,2001.

王立.心灵的图景——文学意象的主题史研究[M].上海:学林出版社,1999.

王评主编.唐人街——海外华人百年冒险风云录[M].成都:四川人民出版社,1996.

[英]雷蒙·威廉斯.关键词:文化与社会的词汇[M].刘建基译.北京:生活·读书·新知三联书店,2005.

[美]韦格纳.空间批判:批判的地理、空间、场所与文本性[C]//[法]热奈特等著.阎嘉编.文学理论精粹读本.北京:中国人民大学出版社,2006.

吴景超.唐人街:共生与同化[M].筑生译.天津:天津人民出版社,1991.

吴前进.美国华侨、华人文化变迁史[M].上海:上海社会科学院出版社,1998.

吴翔林.英诗格律及自由诗[M].北京:商务印书馆,1993.

徐颖果主编.族裔与性属研究最新术语词典[M].天津:南开大学出版社,2009.

[英]雪莱.雪莱抒情诗全集[C].江枫译.长沙:湖南文艺出版社,1996.

[英]罗伯特·杨.后殖民主义——历史的导引[M].周素凤,陈巨擘译.中国台北:巨流图书公司,2005.

[美]叶维廉.中国诗学(增订版)[M].北京:人民文学出版社,2006.

余松.语言的狂欢:诗歌语言的审美阐释[M].昆明:云南人民出版社,2000.

[美]宇文所安.迷楼:诗与欲望的迷宫[M].程章灿译.北京:生活·读书·新知三联书店,2003.

袁珂.中国神话传统词典[M].上海:上海辞书出版社,1985.

——.中国神话通论[M].成都:巴蜀出版社,1991.

袁行霈．中国诗歌艺术研究［M］．北京：北京大学出版社，1987．

张宏．跨越太平洋的雨虹：美国作家与中国文化［M］．银川：宁夏人民出版社，2002．

张京媛主编．后殖民理论与文化批评［M］．北京：北京大学出版社，1999．

张庆松．美国百年排华内幕［M］．上海：上海人民出版社，1998．

张首映．西方二十世纪文论史［M］．北京：北京大学出版社，1999．

张晓玉．保罗·吉洛伊族裔散居文化理论研究［D］．北京：北京语言大学，2009．

张志扬．创伤记忆——中国现代哲学的门槛［M］．上海：三联书店，1999．

赵冬梅．心理创伤的治疗模型与理论［J］．华南师范大学学报（社会科学版），2009（3）．

赵一凡，张中载，李德恩主编．西方文论关键词［M］．北京：外语教学与研究出版社，2006．

赵毅衡．诗神远游——中国如何改变了美国现代诗［M］．上海：上海译文出版社，2003．

——编选．"新批评"文集［C］．北京：中国社会科学出版社，1988．

钟锋编译．英汉典故词典［M］．桂林：漓江出版社，1991．

中国社会科学院语言研究所词典编辑室．现代汉语词典［M］．北京：商务印书馆，1995．

周敏．唐人街——深具社会经济潜质的华人社区［M］．鲍霭斌译。北京：商务印书馆，1995．

朱光潜．诗论［M］．上海：上海古籍出版社，2005．

2．本领域相关研究类：

蔡青．后殖民语境下美国华裔女性文学中的疾病书写分析［D］．长春：东北师范大学，2010．

陈爱敏．认同与疏离：美国华裔文学批评的东方主义视野［M］．北京：人民文学出版社，2007．

陈涵平．北美新华文学［M］．银川：宁夏人民出版社，2006．

程爱民主编．美国华裔文学研究［C］．北京：北京大学出版社，2003．

丁慧．陈美玲诗歌中的英美抒情诗传统［D］．天津理工大学，2007．

高小刚．乡愁以外——北美华人写作中的故国想像［M］．北京：人民文学出版社，2006．

高晓匀．静谧：宋凯西诗歌的特点［J］．名作欣赏，1997（5）．

——．宋凯西诗歌四首［J］．名作欣赏，1997（5）．

胡勇．文化的乡愁［M］．北京：中国戏剧出版社，2003．

黄清华．时空、光影、色彩中的华裔美国文化——评诗人李立扬的《柿子》［J］．文艺报，2009.11.5．

黄秀玲．从必需到奢侈——解读亚裔美国文学［M］．詹乔，蒲若茜，李亚萍译．北京：中国社会科学出版社，2007．

赖伯疆．海外华文文学概观［M］．广州：花城出版社，1991．

李贵苍．文化的重量：解读当代华裔美国文学［M］．北京：人民文学出版社，2006．

——．赋感知以形式：华裔美国诗人白萱华的诗学突破［J］．外国文学研究，2010（3）．

李亚萍．故国回望：20世纪中后期美国华文文学主题研究［M］．北京：中国社会科学出版社，2006．

李亚萍，饶芃子．从"怀乡"到"望乡"——20世纪美国华文文学中故国情怀的变迁［J］．湘潭大学学报（哲学社会科学版），2006（3）．

凌津奇．叙述民族主义：亚裔美国文学中的意识形态与形式［M］．吴燕译．北京：中国社会科学出版社，2006．

刘登涵主编．双重经验的跨域书写：20世纪美华文学史论［M］．上海：生活·读书·新知三联书店，2007．

刘心莲．论美国华裔女性写作的语言特征［J］．当代文坛，2007（3）．

龙靖遥．李立扬的"宇宙心灵"：玄学与科学的糅合［J］．当代文坛，2008（4）．

陆薇．走向文化研究的华裔美国文学［M］．北京：中华书局，2007．

——．"胃口的政治"：美国华裔与非裔文学的互文性阅读［J］．国外文学,2001(3).

吕红.追索与建构:论海外华人文学的身份认同[D].武汉:华中师范大学,2009.

聂云.20世纪70年代以来美国华裔宗教信仰探析[D].长春:东北师范大学,2009.

蒲若茜.华裔美国小说中的"唐人街"叙事[J].深圳大学学报(人文社会科学版),2006(2).

——.族裔经验与文化想象:华裔美国小说典型母题研究[M].北京:中国社会科学出版社,2006.

饶芃子主编.流散与回望:比较文学视野中的海外华人文学[C].天津:南开大学出版社,2007.

饶芃子,杨匡汉主编.海外华文文学教程[M].广州:暨南大学出版社,2009.

单德兴.铭刻与再现——华裔美国文学与文化论集[M].中国台北:麦田出版社,2000.

——.重建美国文学史[M].北京:北京大学出版社,2006.

——."开疆"与"辟土"——美国华裔文学与文化(作家访谈录与研究论文集)[C].天津:南开大学出版社,2006.

——.故事与新生:华美文学与文化研究[M].天津:南开大学出版社,2009.

谭雅伦.弱群心声:"出洋子弟勿相配"——珠三角侨乡歌谣中的出洋传统与家庭意识[J].华人华侨历史研究,2010(4).

王性初.诗的灵魂在地狱中永生——美国天使岛华文遗诗新考[J].华文文学,2005(1).

王咏梅.文化的"返乡":论谭恩美小说中的文化冲突和融合[J].西南师范大学学报(人文社会科学版),2004(6).

卫景宜.美国主流文化的"华人形象"与华裔写作[J].国外文学,2002(1).

——.西方语境的中国故事[M].杭州:中国美术学院出版社,2002.

温娟.早期华裔美国诗歌研究——评《金山歌集》与《埃仑诗集》[D].

福建师范大学，2008.

吴冰，王立礼主编．华裔美国作家研究［C］．天津：南开大学出版社，2009.

徐颖果编著．美国华裔文学选读［C］．天津：南开大学出版社，2004.

薛玉凤．美国华裔文学之文化研究［M］．北京：人民文学出版社，2007.

［美］叶维廉．异花受精的繁殖：华裔文学中文化对话的张力［J］．世界华文文学论坛，2004（4）.

［美］尹晓煌．美国华裔文学史（中译本）［M］．徐颖果主译．天津：南开大学出版社，2006.

张琼．从族裔声音到经典文学——美国华裔文学的文学性研究及主体反思［M］．上海：复旦大学出版社，2009.

张子清．华裔美国历史与社会现实生活的跨文化审视：华裔美国诗歌［M］//吴冰，王立礼主编．华裔美国作家研究．天津：南开大学出版社，2009.

——．华裔美国诗歌鸟瞰［J］．江汉大学学报，2006（6）.

——．历史与社会现实生活的跨文化审视——华裔美国诗歌的先声：在美国最早的华文诗歌［J］．江汉大学学报（人文科学版），2008（5）.

——．梁志英的诗［J］．扬子江诗刊，2008（6）.

——．梁志英诗选［J］．诗歌月刊，2002（12）.

——．汤亭亭：她的诗集像一本日记［J］．中华读书报，2005.4.27.

——．袁世凯之外孙李立扬［J］．中华读书报，2005.3.30.

赵文书．和声与变奏——华美文学文化取向的历史嬗变［M］．天津：南开大学出版社，2009.

——．华美诗歌三首［J］．当代外国文学，2003（3）.

赵毅衡．诗神远游——中国如何改变了美国现代诗［M］。上海：上海译文出版社，2003.

周晓静．关于美国当代诗人李立扬［J］．诗歌月刊，2010（5）.

——．李立扬诗四首［J］．译林，2010（3）.

——．李立扬诗选［J］．诗选刊，2010（9）.

——. 美国当代诗人李立扬（Li‑Young Lee）诗选（12首）[J]. 诗歌月刊，2010（5）.

　　朱徽. 当代美国华裔英语诗人述评[J]. 西南民族大学学报，2006（2）.